Euphoria

Die Praxis

Impressum:

Bibliografische Information Der Deutschen Bibliothek:
Die Deutsche Nationalbibliothek verzeichnet diese Publikation in der Deutschen Nationalbibliografie; detaillierte bibliografische Daten sind im Internet über dnb.d-nb.de abrufbar.

Deutsche Erstausgabe

Umschlaggestaltung: Nina Nell
Satz und Layout: Nina Nell
Herstellung und Verlag: Books on Demand GmbH, Norderstedt
ISBN: **978-3-8482-1517-1**

http://euphoria.ninanell.de

Inhaltsverzeichnis

VORWORT

Ich sage in Interviews und auch in privaten Gesprächen immer, dass ich es lieber mag, Romane zu schreiben, als Sachbücher. Zum Einen, weil Romane eine wunderbare Möglichkeit sind, Erkenntnisse zu vermitteln, ohne belehrend zu wirken und zum Anderen, weil es unheimlichen Spaß macht, spannende Geschichten zu erfinden, in die jemand eintauchen kann und mit vielen neuen Erkenntnissen und Aha-Erlebnissen wieder auftaucht. Geschichten sind Reisen. Abenteuer, die man miterleben kann. Man kann sich in die Hauptprotagonisten hinein fühlen, man hört, was sie denken und man bekommt live mit, wie sie sich aus Situationen und Erlebnissen heraus weiterentwickeln, erkennen, lernen, verstehen und sich in andere Menschen verwandeln. Und während man all das miterlebt, wächst man auch selbst. Man erkennt, versteht, lernt und entwickelt sich **mit** den Menschen in der Geschichte. Ganz so, als hätte man all das selbst erlebt. Und vermutlich ist das auch so. Denn das Gehirn kann nicht zwischen Realität und Fantasie unterscheiden. Etwas, das wir uns vorstellen, »fühlt« sich für das Gehirn genauso real an, wie ein tatsächlich erlebtes Ereignis. Und es finden dieselben darauf folgenden Prozesse statt: Das Denken und Fühlen ändert sich, der Glaube wandelt sich, genauso wie die Wahrnehmung, man versteht manche Dinge vielleicht besser, betrachtet die Welt anders, nimmt sich selbst anders wahr usw. Kurz: Die Persönlichkeit verändert sich. Und damit auch das ganze Leben.

Viele Menschen schreiben mir, dass sie gar nicht gemerkt haben, wie sie sich – während des Lesens der Romane – verändert haben. Sie waren einfach so sehr in die Geschichte versunken gewesen, dass das Erkennen, Lernen und Verstehen ganz unbemerkt und nebenbei geschehen ist. Erst, als sie das Buch zugeschlagen haben und erneut ihrem Alltag nachgingen, merkten sie, dass irgendetwas anders war. Sie hatten sich verändert. Auf einer Abenteuerreise, selbst, wenn sie nur in ihrer Fantasie stattgefunden hatte, waren sie zu neuen Menschen geworden. Unbemerkt, schleichend, nebenbei und ganz und gar ohne Mühe. Und dieser letzte Punkt ist der wichtigste: **Ohne Mühe!**

Wir lernen am schnellsten und am effektivsten, wenn wir Spaß haben. Wissen, das uns in trockener Sachbuchform vorliegt, müssen wir uns meist einhämmern. Das kennen wir alle aus der Schule. Macht uns aber etwas Spaß oder erleben wir ein Abenteuer, das spannend und aufregend ist, lernen wir von ganz allein. Mühelos. Durch das Erleben selbst. Das können wir auch an unseren fest verankerten Glaubenssätzen sehen. Wodurch haben wir diese gelernt? Durch das Erleben selbst.

Das, was wir in Sachbüchern lernen, lernen wir über den Verstand. Er nimmt das Gelesene auf, gebraucht seine Logik, um es zu prüfen, kategorisiert es in wichtig und unwichtig, packt es in Schubladen und ruft es dann zu gegebener Zeit ab.

Lernt man jedoch über das **Erleben**, sinkt das Wissen und Erkennen tiefer in uns ein. Es wird mit allen Sinnen wahrgenommen. Es wird **gefühlt**. Das heißt, es wird nicht nur vom Gehirn registriert und abgespeichert, sondern hauptsächlich vom Unterbewusstsein. Es saugt die Informationen auf, wie ein Schwamm, denn das Unterbewusstsein lernt, entwickelt und verändert sich durch Gefühle und Bilder. Sie sind seine Sprache.

Das ist wohl der Grund, warum das Lernen und Erkennen durch Geschichten so einfach und mühelos, ja sogar unbemerkt geschieht. Weil eine Geschichte über die Sprache des Unterbewusstseins vermittelt wird – über Bilder und Gefühle. Natürlich ist dabei auch der Verstand von Nutzen, denn sonst könnten wir die Buchstaben nicht zu einer Geschichte zusammenfügen. Es ist also ein Zusammenspiel beider Pole. Wir wissen vom Verstand her, das dies nur eine Geschichte ist, aber wir er**leben** sie trotzdem. Und durch dieses Erleben lernen wir, erkennen, wachsen und wandeln uns. Jeder für sich und jeder so, wie er es gerade braucht, wie er es möchte und wie es nützlich für ihn ist. Und so erlebt jeder ein Abenteuer anders. Und zwar genauso, wie es richtig für ihn ist.

Deshalb liebe ich es, Geschichten zu schreiben. Für mich sind sie das perfekte Medium, um etwas zu vermitteln. Und wie ich zuvor schon erwähnt hatte, hat man bei Geschichten auch nicht das Gefühl, belehrt zu werden. Ich bin der Auffassung, dass alles Wissen in *jedem* Menschen steckt. Wir sind mit allem verbunden. Mit allen Wesen auf dieser Welt und mit allem Wissen. Alles, was ich tun will, ist, dich an dieses Wissen zu *erinnern*. So, wie ich selbst durch verschiedene Erlebnisse daran erinnert wurde.

Dieses Buch – wie auch all meine anderen Sachbücher – soll keine trockene Sachbuchlektüre sein und dir etwas beibringen. Es soll ein Wegbegleiter mit Übungen sein, der dich auf spielerische, spaßige Weise an das Wissen erinnert, das schon längst in dir ist. Und dafür nutze ich zwischendurch immer mal die Protagonisten aus den Euphoria-Romanen und erkläre an ihren Beispielen und an dem, was sie in den Geschichten erleben, die Erkenntnisse, die ich vermitteln will.

Dieses Sachbuch ist also in Wirklichkeit ein **Erlebnis**buch. Neben dem umfangreichen Spiele-Handbuch »Euphoria – Das Spiel«, das dir genau erklärt, was Euphoria ist und wie es funktioniert, ist »Euphoria – Die Praxis« nun ein konkretes Umsetzung-Arbeitsbuch. Ein Praxisbuch, das du erleben kannst und das auf konkrete Themen eingeht, wie Glück, Reichtum, Liebe, Partnerschaft, Götterbewusstsein, Erfolg uvm. Du findest in diesem Buch Informationen, wie du Euphoria für all diese Themen einsetzen kannst und du wirst hier auch immer wieder praktische Übungen finden, die gerade zu dem jeweiligen Thema passen und es dich erleben und spüren lassen. In »Euphoria – Die Praxis« möchte ich die Essenz von Euphoria aufschlüsseln und vermitteln. Das, was hinter dem Spiel und den Romanen steckt. Den Kern. Euphoria ist, seit das erste Buch veröffentlicht wurde, zu etwas viel Größerem geworden, als ich es zu Beginn ahnen konnte. Und ich habe mit der Zeit selbst erst herausgefunden und gelernt, was wirklich dahinter steckt und zu welcher großen Erkenntnis Euphoria führt. Meine Gedanken, meine Erkenntnisse und alles, was ich mit dem Spiel der Götter und der Geschichte um Euphoria sagen will, soll in diesem Buch zusammengefasst werden.

Ich wünsche dir eine wunderbare Reise und natürlich wie immer viel Spaß!

Die Sache mit den Wünschen

Wenn man sich mit dem Gesetz der Anziehung beschäftigt, erfährt man mit der Zeit, dass man die Erfüllung seiner Wünsche nur manifestieren, also anziehen kann, wenn man *jetzt* in diesem Moment bereits IST, was man sich wünscht. Man muss die Erfüllung also jetzt schon erleben. Nur dann kann sie sich manifestieren. Wünscht man sich zum Beispiel ein eigenes Haus, muss man es in Gedanken jetzt schon haben, es er**leben** und fühlen. Einen Spaziergang hindurch machen und glücklich dabei sein. Das nennt man eine Visualisierung, bei der man genau das Bild anzieht, das man in diesem Moment in Gedanken sieht. Die Realität reagiert auf dieses Bild und vor allem auf die Gefühle dabei und wandelt sich entsprechend unseres inneren Seinszustandes so um, dass sie zu diesem **Sein** passt. Das heißt: Das Haus wird real. Man läuft also eines Tages tatsächlich durch dieses Haus und empfindet dabei genau dieselben Gefühle, die man vorher in der Visualisierung empfunden hat. Das ist der Schöpfungsprozess, der heutzutage in unzähligen Büchern und Filmen erklärt wird. Wenn du dir etwas wünschst, dann SEI es. Das hat in mir die Frage aufgeworfen: Warum soll man dann erst wünschen?

Wenn ich jetzt schon glücklich und reich sein muss, um Glück und Reichtum anzuziehen, warum soll ich mir das

Glück und den Reichtum denn erst wünschen? Tatsächlich ist es doch so, dass man gar keinen Wunsch mehr nach Glück verspürt, wenn man schon jetzt glücklich ist. Wenn ich mir vorstelle in meinem Traumhaus herumzuspazieren und dabei überglücklich bin, empfinde ich in diesem Moment keinen Wunsch mehr. Warum nicht? Weil er ja schon erfüllt ist. Ich empfinde ja in diesem Moment die Erfüllung. Und da mein Gehirn nicht zwischen Realität und Fantasie unterscheiden kann, fühlt es sich für mich auch real an. Ich bin also schon am Ziel und empfinde **keinen** Wunsch, sondern **Erfüllung**. Und dann reagiert die Realität auf diesen Seinszustand, in dem ich keinen Wunsch fühle, sondern Erfüllung und zieht die Erfüllung für mich an. Und zwar nur deshalb, weil ich schon am Ziel war und das Ziel gefühlt und erlebt habe, **bevor** es Wirklichkeit war. Wenn ich mir etwas wünsche, muss ich es also jetzt schon sein und haben. Erst dann wird es Wirklichkeit. Was soll dann noch die Wünscherei?

Hinter diesem ganzen Universums-Wunscherfüllungs-Apperat steckt letzten Endes nichts Anderes, als eine ganz leichte Formel:

Du erschaffst, was du **bist.**

Das erkennt man an diesem oben beschriebenen Schöpfungsprozess. Das, was ich bin (fühle, sehe, erlebe, wahrnehme), wird Wirklichkeit. Warum ist das so? Weil diese Welt, in der wir leben, nur ein Spiegelbild unseres Selbst ist. Sie spiegelt uns exakt das wider, was wir **sind**. Betrachten wir uns im Badezimmer im Spiegel und lachen, lacht der Spiegel zurück. Lachen wir in die Welt, lacht die Welt zurück. An unserer Welt bzw. an unserem Leben können wir also ganz genau erkennen, was wir **sind**.

Was begegnet uns in unserem Alltag ständig? Welche Menschen laufen uns über den Weg? Was für Situationen erleben wir immer wieder? Alles, was wir erleben, hat immer irgendetwas mit uns selbst zu tun. Hier ist es hilfreich, sich eine kleine Liste darüber zu machen, was man ständig in seinem Alltag erlebt, was sich eventuell immer wiederholt, was einem immer wieder begegnet. Schreibe dir in Stichpunkten auf der folgenden Seite eine Liste darüber. Wenn du damit fertig bist, schreibst du vor jeden Punkt, den du dir aufgeschrieben hast, die beiden kleinen Worte: **Ich bin.**

Steht da zum Beispiel: *Mir begegnet immer wieder Wut, Aggressivität, Leid*, werden daraus die Sätze: ***Ich bin** Wut, Aggressivität, Leid.*

Es ist tatsächlich so einfach. Das, was uns immer wieder begegnet, ist ein Teil unseres Seins. Vielleicht steht in deiner Liste auch: *Schönheit, Liebenswürdigkeit, Hilfsbereitschaft, Mitgefühl, Tierliebe, Begeisterung, Talent.*

Was begegnet dir am häufigsten in deinem Leben? Es kommt auch mitunter darauf an, worauf du deinen Fokus am stärksten lenkst. Das, was du am meisten beachtest, ist gleichzeitig auch das, was in deinem Sein die stärkste Ausprägung hat.

Was begegnet dir im Leben immer wieder?

Ein Beispiel: Lucy hat am Anfang der Euphoria-Geschichte ihren Fokus sehr oft auf das Leid und das Unglück der Welt gelenkt. Krieg zum Beispiel war etwas, das sie immer und überall gesehen hat. In den Nachrichten, in der Zeitung, auf der Straße, wenn sich Menschen gestritten haben, in ihrer Heimatstadt, wenn es Randalen gab usw. Überall begegnete ihr Krieg und sie lehnte ihn so vehement ab, dass sie daran fast zerbrach. Hätte sie in ihre Liste das Wort »Krieg« geschrieben und die Worte davor gesetzt »Ich bin«, hätte sie sich natürlich zunächst gegen diese Aussage gewehrt. »Ich bin doch nicht der Krieg, der überall auf dieser Welt geführt wird!«, hätte sie vermutlich ausgerufen. Nun, sie war vielleicht nicht der Krieg auf der Welt, aber sie **war** Krieg. Krieg war ein Aspekt ihres Seins. Der Krieg der Welt spiegelte ihr nur ihren eigenen Krieg wieder, den sie innerlich mit sich und der Welt kämpfte. Und er begegnete ihr überall.

Diese Übung ist vielleicht eine erschreckende, aber auch eine ehrliche Übung, um sich sein eigenes Sein bewusst zu machen und sich darüber klar zu werden, was man **ist** und damit auch immer wieder in seinem Leben anzieht. Was hast du über dein Sein herausgefunden? Was **bist** du? Vielleicht stehen in deiner Liste auch deine Wünsche. Unsere Wünsche haben auch die Eigenschaft, immer wieder in unserem Leben aufzutauchen. Nur leider nicht in Form ihrer Erfüllung, sondern in Form von Wünschen. Immer wieder erleben wir Situationen, in denen wir wieder unsere Wünsche spüren oder an sie erinnert werden. Ist dein Wunsch vielleicht

Glück, begegnen dir immer wieder Situationen, in denen du Pech hast und dir erneut Glück wünschst. Ist dein Wunsch Liebe und Zweisamkeit, erlebst du immer wieder das Alleinsein und die Einsamkeit und daraufhin natürlich den Wunsch, jemanden zu finden, der diese Leere ausfüllt.

Wenn wir wünschen, uns sehnen, Verlangen haben und Dinge wollen, **sind** wir in einem Seinszustand des Mangels. Uns fehlt etwas. Und diesen Mangel *spüren* wir. Wir *erleben* und sehen ihn in unserem Leben. Wie *nehmen* ihn *wahr.* Dieser Seinszustand des Mangel jedoch spiegelt sich in unserer Realität wider. Er wird erneut erschaffen. Wir erleben Mangel und immer, wenn wir Mangel erleben, sehnen wir uns nach Erfüllung und erleben wieder Mangel. Und dadurch entsteht neuer Mangel. *Durch* das Sehnen.

Was ist also der Sinn von wünschen, wollen und sehnen? Was ist der Sinn dahinter, sich an Wünsche festzuklammern? Oder sie sogar mit voller Inbrunst zu bekräftigen? Wenn wir wünschen, uns sehnen und etwas wollen, empfinden wir nichts als Mangel. Und Leid. Und das, was wir in diesem Moment empfinden, manifestiert sich erneut in der Realität. Und weil es sich erneut manifestiert, wünschen wir uns erneut Erfüllung. Und wieder geschieht Mangel.

Natürlich wollen wir alle Glück haben und auch genug Geld, um unser Leben so leben zu können, wie es uns gefällt. Wir wollen Liebe und Freundschaft, Gesundheit, Schönheit und vielleicht ein bisschen Luxus. Aber all das Wollen wird uns keine Erfüllung bringen. Warum sind so viele Menschen unglücklich? Und warum erleben so erschreckend viele Menschen, die sich mit dem Gesetz der Anziehung beschäftigen, Unglück und leben in Armut? Weil gerade diese Menschen permanent auf das Wünschen fixiert sind. Sie wissen, dass Wünsche wahr werden können. Das haben sie überall gelesen. Und so wünschen sie. Und wünschen und wünschen und wünschen. Sie beschäftigen sich mit ihrer Sehnsucht, mit ihrem Verlangen und mit dem, was sie wollen. Alles, was sie *nicht* haben, ist permanent in ihrem Kopf und in ihrem Gefühl. Sie visualisieren, sprechen Affirmationen, trainieren sich selbst, öfter positiv zu denken und sie wünschen. Permanent.

Viele Menschen geben nach einer Weile auf, weil das Gesetz der Anziehung bei ihnen scheinbar nicht funktioniert. Denn anstatt der Erfüllung, wird bei ihnen immer mehr Mangel angezogen. Viele Menschen erleben auch eine radikale Verschlechterung ihrer Situation, wenn sie anfangen, ihr Leben mit der Kraft der Gedanken und Gefühle bewusst zu beeinflussen und zu verändern. Aber das Problem ist nicht das Gesetz der Anziehung, dass die ganze Sache bei einem selbst nicht funktioniert, sondern ganz einfach das **Sein**. Es ist der Seinszustand, der nicht stimmt und der immer mehr Mangel anzieht. Denn, was **ist** man, wenn man wünscht? Man ist im Mangel.

Wünsche werden immer Mangel erschaffen. Das muss so sein. Weil das die Aufgabe unserer Realität ist. Die Realität kann nichts Anderes, als spiegeln. Wir müssen also lernen, dem Spiegel das zu zeigen, was wir in ihm sehen wollen. Und das können wir nur, wenn wir das **sind**, was wir sehen wollen. Nämlich die Erfüllung. Nicht nur in den kurzen Momenten, in denen wir visualisieren, Affirmationen sprechen oder andere bewusstseinsverändernde Übungen machen, sondern **immer.**

Und das ist viel leichter, als es sich anhört. Wir dürfen nur nicht mehr wünschen.

Die glücklichsten Menschen auf dieser Welt, sind jene, die nichts wünschen, nichts ersehnen und nichts wollen.

Hindernisse bei der Schöpfung

Wenn wir mal darüber nachdenken, wann wir in unserem Leben die glücklichsten Momente erlebt haben, dann finden wir schnell heraus, dass wir in diesen Momenten keine Wünsche hatten. Vielleicht waren das Momente, in denen wir Erfüllung erlebt haben. Weil etwas, das wir uns zuvor gewünscht haben, wahr geworden ist. Aber in Wirklichkeit war nicht die Erfüllung der Grund für unser Glücksgefühl, sondern die Tatsache, **dass es keinen Wunsch gab!** Es war kein Mangelgefühl mehr da.

Erinnere dich an die Szene, als Lucy plötzlich von all ihren Krankheiten geheilt war. Zuvor hatte sie jahrelang einen permanenten Mangel erlebt. Einen Mangel an Gesundheit. Diesen hatte sie jedoch nur dadurch gespürt, dass sie sich Gesundheit **wünschte**.

Natürlich ist das völlig verständlich. Jeder Mensch wünscht sich Gesundheit, wenn er krank ist. Doch was würde passieren, wenn der Wunsch nach Gesundheit wegfiele? Stelle dir diese Situation einmal vor. Lucy liegt in ihrem Bett und leidet, weil sie sich schlecht fühlt und gesund sein möchte. Sie wünscht sich Gesundheit. Und sie wünscht sie sich so sehr, dass ihr die Tränen kommen. Was geschieht da mit ihr? Sie erlebt ein Mangelgefühl. Ein sehr starkes Mangelgefühl. Hinzu kommt Traurigkeit und Wut über diesen Mangel. Sie will ihn beenden. Am liebsten sofort. Aber sie weiß nicht, wie. Sie fühlt sich machtlos. Einer äußeren Macht ausgeliefert, auf die sie keinen Einfluss hat. Ihre Ablehnung gegen das Krank**sein** wird immer stärker. Frust steigt in ihr auf. So lange, bis sie ihren Lebensmut verliert und nicht mehr daran glauben kann, dass sich ihre Situation jemals ändern wird.

Und jetzt nimm ihr einmal den Wunsch weg! Schalte in dieser Szene einfach die Tatsache aus, dass sie sich Gesundheit **wünscht**. Was passiert dann? Lies dir die Szene noch einmal durch. Du wirst erkennen, dass all das Leid, die Traurigkeit, die Wut und der Frust erst **durch** den Wunsch entstanden sind. Wenn wir ihr jetzt den Wunsch wegnehmen (das Schöne ist, dass man das in Geschichten einfach so machen kann), dann löst sich alles Leid sofort auf. Und es entsteht nur noch ein Gefühl: **Frieden**. Sie würde nicht in ihrem Bett liegen und sich quälen. Sie würde akzeptieren, dass es ihr gerade nicht gut geht. Sie würde die gesamte Krankheit akzeptieren und auch ihre Ursachen. Sie würde alles annehmen und einfach friedlich daliegen, ohne zu leiden. Vielleicht würde sie sagen: »Es ist okay, dass es so ist. Es hat ja irgendeine Ursache und einen Grund.« Und vielleicht würde sie dann die Augen schließen und nach irgendetwas suchen, wodurch es ihr besser gehen könnte. Das wäre zum Beispiel die Vorstellung, wieder vollkommen gesund zu sein und Dinge zu tun, die sie mit diesem gesunden Körper ohne Probleme tun könnte. Wenn sie nicht den Wunsch danach verspürt, macht ihr diese Vorstellung auch richtig Spaß. Und sie gelingt ihr auch besonders gut.

Sobald sie aber – während sie sich dieses Szenario vorstellt – wieder wünscht, kommt das Mangelgefühl zurück und sie ist wieder unglücklich.

An dieser kleinen Szene erkennt man gut die Wirkung von Wünschen. Stelle sie dir abwechselnd mal mit und mal ohne Wunsch vor. Ohne Wunsch ist Lucy friedlich und glücklich, *obwohl* sie krank ist und mit Wunsch ist sie unglücklich und traurig. Wenn wir bedenken, dass die Realität immer das widerspiegelt, was wir **sind**, ist es für Lucy in dieser Szene vorteilhafter, sich die Gesundheit *nicht* zu wünschen, sondern sich vorzustellen, wie es ist gesund zu sein, *ohne* es sich zu wünschen.

Das wäre eine kraftvolle Visualisierung ohne Hindernisse. Das Problem beim Visualisieren ist hauptsächlich, dass wir dabei wünschen. Und wir wissen ja, dass wir durch das Wünschen, also das Gefühl des Mangels, erneut Mangel erschaffen. Hinzu kommt noch, dass wir nach der Visualisierung in eine Realität zurückkommen, die wir nicht mögen und anders haben wollen. Sonst würden wir ja nicht visualisieren, um sie zu ändern. In diesem Prozess stecken also gleich mehrere Stolperfallen bzw. Hindernisse, welche die Realität daran hindern, so zu reagieren, wie wir es gern hätten.

1. Wir **wünschen** beim Visualisieren oder **fühlen Sehnsucht** dabei
2. Wir **lehnen** die Realität **ab**
3. Wir **wollen** die Realität **verändern**

Bei allen drei Punkten empfinden wir Mangel. Beim Wünschen sowieso. Das wissen wir jetzt. Aber auch, wenn wir die Realität ablehnen, empfinden wir Mangel. Ich nenne diese Ablehnung immer »Kampf«. Wir kämpfen innerlich gegen das, was ist. Ein Kampf erzeugt aber eine Realität, in der wir erneut kämpfen müssen. Also erneut Mangel, den wir ablehnen. Denn, die Realität muss das widerspiegeln, was wir **sind**. Sind wir in der Ablehnung und im Kampf, spiegelt sie uns Situationen, in denen wir erneut Ablehnung und Kampf empfinden. Also Mangel. Es ist sehr hilfreich, sich dabei immer wieder einen Spiegel vorzustellen oder sich tatsächlich vor einen Spiegel zu stellen. Was blickt einem entgegen, wenn man die Realität ablehnt? Ablehnung. Es hat eine sehr effektive Wirkung, wenn man sich vor einen Spiegel stellt und ihm seine ganze Ablehnung vorträgt: »Ich kann diese Realität nicht leiden! Sie nervt! Ich will was Anderes! Es reicht mir!« Diese Worte, Gefühle und Gedanken sind es, die im Spiegel reflektiert und zurückgeworfen werden. Der Spiegel wird nicht sagen: »Okay, beruhige dich. Ich hab's begriffen. Ich schicke dir ja schon die Erfüllung. Tut mir leid, dass es so lange gedauert hat.« Er sagt genau das, was wir sagen: »Ich kann diese Realität nicht leiden! Sie nervt! Ich will was Anderes! Es reicht mir!« Und alles bleibt, wie es ist. Denn der Spiegel/die Realität ist keine äußere Instanz mit einem eigenen Bewusstsein. *Wir* sind die Realität und *wir* sind der Spiegel. Es kann uns also nichts Anderes gespiegelt werden, als das, was wir **sind**.

Der dritte Punkt (»wir wollen die Realität verändern«) erzeugt ebenso ein Mangelgefühl. Denn diese Absicht *entspringt* dem Mangel. Und das ist völlig normal. Wir tun vieles im Leben mit einer Absicht. Die Butter ist alle, also gehen wir in den Supermarkt, um neue zu kaufen. Wir haben Durst, also gehen wir in die Küche, um uns etwas zu trinken zu holen. Unser Auto ist schmutzig, also fahren wir in die Waschstraße, um es zu waschen. Wir verfolgen jeden Tag Absichten und setzen sie in die Tat um. Wir fühlen oder sehen einen Mangel an Butter und beabsichtigen, diesen Mangel zu beheben, indem wir im Supermarkt neue kaufen. Ein ganz normaler Prozess.

Wenn wir aber beabsichtigen, die Realität zu verändern, nehmen wir an diesem ganz normalen Prozess grundlegende Änderungen vor. Wir hören nicht auf zu beabsichtigen!

Hier noch einmal der normale Prozess: Wir sehen in den Kühlschrank. »Oh, Butter ist alle.« (Mangel!) Wir nehmen Schlüssel und Brieftasche, gehen hinaus zum Supermarkt und suchen die Butter im Kühlregal. (Mangel → Absicht) Die Butter ist gefunden und wird an der Kasse bezahlt. (Absicht in die Tat umsetzen) Wir sind wieder zu Hause und die Butter im Kühlschrank. (Erfüllung)

Wir tun das jeden Tag. Ohne den geringsten Zweifel an der Umsetzung.

Und hier nun der Prozess, den wir üblicherweise durchlaufen, wenn wir die Realität in Richtung Glück verändern wollen: Wir sind unglücklich (Mangel). Wir wollen unser Leben ändern und glücklich sein. (Mangel →

Absicht) Wir visualisieren, denken positiv, machen diverse Übungen, sprechen Affirmationen, **um** glücklich zu sein, damit wir Glück anziehen. (Mangel → Absicht) Es geschieht nichts. Wir visualisieren doller, sprechen die Affirmationen kräftiger, denken positiver, **um** glücklich zu sein, damit wir Glück anziehen. (Mangel → Absicht) Es passiert immer noch nichts. Wir haben die Schnauze voll, schmeißen alles hin, hören auf, die Realität verändern zu wollen und genießen eine schöne Tasse Kaffee. (Absicht in die Tat umsetzen) Auf einmal sind wir glücklich, weil der Moment wirklich schön ist. (Erfüllung)

Man sieht sofort den Unterschied. Im ersten Beispiel gehen wir einfach los und kaufen die Butter. Wir setzen die Absicht in die Tat um, ohne den geringsten Zweifel, dass wir die Butter, die wir uns wünschen, auch bekommen werden. Wir *tun* es einfach. Wir tun das, was getan werden muss, um an Butter zu kommen. Wir gehen einkaufen.

Im zweiten Beispiel wollen wir zwar auch das tun, was getan werden muss, aber wir *tun* es nicht. Wir wissen: *Ich muss glücklich* ***sein****, um Glück anzuziehen.* Aber wir tun nichts für das Glücklich**sein**, sondern tun alles dafür, um weiterhin Mangel zu spüren. Wir beabsichtigen ständig glücklicher zu werden, sind es aber nicht, weil die Absicht im Weg ist.

Das ist, als würden wir an der Kasse stehen, die Butter festhalten und immer wieder sagen: »Ich will die Butter kaufen! Ich will die Butter kaufen! Ich brauche die Butter! Ich will die Butter! Ich werde jetzt die Butter kaufen.«

Eine andauernde Absicht. Aber wir tun es nicht. Der Kassierer würde uns sehr befremdlich ansehen und irgendwann sagen: »Ja, dann kauf sie doch!«

Aber wir halten sie fest und sagen: »Nein! Ich *will* die Butter ja nur kaufen. Ich *kaufe* sie nicht. Ich *will* sie kaufen.«

Und der Kassierer entnervt: »Ja, dann geh zur Seite, damit die anderen wenigstens ihre Butter kriegen.« ;-)

Und während wir dastehen und die Butter festhalten, sind wir immer noch im Mangel, weil wir die Butter nicht kaufen, sondern nur *beabsichtigen*, sie zu kaufen. So ist es, wenn wir beabsichtigen glücklich zu werden. Wir hängen immer in dieser Absicht fest und **sind** es nicht.

Um eine Absicht in die Tat umzusetzen, müssen wir es *tun*. Eine Absicht ist nur ein kurzer Moment, in dem man einen Mangel spürt. Sobald man die Absicht aber in die Tat umsetzt, ist sie weg. Man kann nicht etwas beabsichtigen und es gleichzeitig sein/tun. Das funktioniert nicht. Versuche die Butter zu kaufen, ohne je die Absicht loszulassen. Du wirst sie nie dein Eigen nennen können, weil du nicht den vollständigen Prozess durchläufst: Mangel – Absicht – Absicht in die *Tat* umsetzen – Erfüllung. Dieser Prozess würde beim Glück bedeuten: Ich bin unglücklich – Ich will glücklich sein – Ich **bin** glücklich – Ich ziehe Glück an.

Diese drei Punkte (Wünsche, Kampf, Absicht) sind also die größten Hindernisse beim Erschaffen der Realität. Sie sind zwar menschlich und völlig in Ordnung und verständlich, aber sie erzeugen alle Mangel und hindern die Erfüllung daran, in unser Leben zu treten.

Bei Euphoria lässt man deshalb alle drei Punkte außen vor. Man wünscht nicht, man kämpft nicht und man verfolgt auch keine Absicht. Auf diese Weise räumt man alle

Hindernisse aus dem Weg. Ohne Wunsch, ohne Kampf und ohne Absicht gibt es keine Mangelgefühle. Man ist in diesem Augenblick vollkommen präsent, driftet weder in die Zukunft noch in die Vergangenheit ab, kämpft nicht gegen das was ist, beabsichtigt auch nicht, die Realität zu verändern und lässt sich nicht von Wünschen ablenken, die einem zeigen, was man *nicht* hat. Man ist einfach *jetzt* glücklich! Jetzt in diesem Augenblick. Denn das, was wir *jetzt* sind, spiegelt sich in unserer Realität. Nicht das, was wir morgen sind oder übermorgen. Sondern unser jetziger **Seins**zustand.

Deshalb nützt es auch nicht viel, wenn man die Erfüllung seiner Träume visualisiert und sich dabei zwar in einem glücklichen, erfüllten Seinszustand befindet, aber danach wieder die momentane Realität ablehnt (Mangel/Kampf), sich nach der Erfüllung sehnt (Mangel/Wunsch) und beabsichtigt, die Realität zu verändern (Mangel/Absicht).

Um Glück zu erschaffen, muss man sich in einen dauerhaften Glückszustand bringen. Und das ist gar nicht so schwer. Denn man braucht sich dafür nicht einmal anzustrengen.

Spielen vs. Anstrengen

Aus Euphoria ein Spiel zu machen, hatte einen triftigen Grund. Wie du und wie jeder andere Mensch, wollte ich einfach nur glücklich sein und habe deshalb mein Leben lang um die Erfüllung meiner Träume gekämpft und mich dafür bemüht und abgerackert. Doch das Ergebnis war immer sehr ernüchternd gewesen. Je mehr ich mich anstrengte, umso weniger Erfolg hatte ich. Und je weniger Erfolg ich hatte, umso mehr strengte ich mich an, um meine Träume endlich wahr zu machen. Doch das Ergebnis war noch weniger Erfolg. Mein Leben wurde immer anstrengender, die Erfüllung rückte immer weiter aus meinem Blickfeld, meine Sehnsucht wurde immer größer und ich wurde immer unglücklicher. Ich fand erst Jahre später, nach einem kräftigen Zusammenbruch und einer darauffolgenden Ruhephase, heraus und erlebte am eigenen Leib, warum das so war. Nämlich in dem Moment, in dem ich erkannte, wie wichtig die Gefühle beim Erschaffen der Realität sind. Sie sind das Alpha und das Omega der Schöpfung. Ich hatte bis dahin nicht verstanden, was es bedeutete, wirklich zu **sein**, was man sich wünschte. Und es fiel mir auch schwer, etwas zu sein, das nicht meiner Realität entsprach. Also war ich es nur in meinen Visualisierungen. In meiner Realität war ich weiterhin unzufrieden, unglücklich, ablehnend und ich war in einer Dauerschleife des Gedankens: »Ich werde diese Realität verändern! Ich werde mein Leben ändern!« Dieser Gedanke hatte mir immer wieder so viel Motivation gegeben, dass ich trotz der ganzen Anstrengung immer wieder Kraft schöpfte und weiter kämpfte.

Aber irgendwann war ich mit den Kräften am Ende und erkannte mit Entsetzen, welche Gefühle ich all die Jahre in den Spiegel der Realität gesandt hatte: Anstrengung, Kampf, Ablehnung, Unzufriedenheit, Absicht, Wünsche, Sehnsucht, Leid! Kurz: Mangel. Es war ja kein Wunder, dass der Mangel immer größer wurde und die Erfüllung immer mehr verschwand. Denn ich wusste ja:

Das, worauf man seine Aufmerksamkeit lenkt, wächst.

Mir war nur nicht klar, dass die Gefühle dabei eine so große Rolle spielten. In diesem Moment, in dem ich das erkannte, hörte ich schlagartig auf zu wünschen, zu sehnen, abzulehnen, Absichten zu verfolgen und mich anzustrengen. Denn all das erzeugte in mir ein dauerhaftes Gefühl von Mangel. Und Mangel hatte ich genug in meinem Leben. Ich wollte ihn nicht weiterhin erschaffen. Ich hielt einfach an, hörte auf, irgendwelchen Zielen nachzujagen und war für einen Augenblick einfach mal glücklich. Nur für einen Moment. Und es war ganz leicht. Ich konzentrierte mich einfach auf ein Glücksgefühl, das ich gut von früher kannte und ließ es ganz absichtslos und ohne Grund in mir entstehen. Es war mein Euphorie-Gefühl, das ich von Kindheit an immer ganz mühelos in mir erzeugen konnte, denn ich war, bevor ich angefangen hatte zu wünschen, immer ein fröhlicher Mensch gewesen. Euphorie war das Gefühl, das immer in mir entstanden war, wenn ich mich mit Dingen beschäftigt hatte, die ich liebte, aber es war auch oft in mir entstanden, wenn ich mir die Welt um mich herum betrachtet hatte. Die Natur, die ich so sehr liebte, der Himmel, die Sterne, die Bäume, die Blumen und all die schönen Dinge auf der Welt. Euphorie kannte ich gut, denn Euphorie war immer mein Lebensgefühl gewesen. Und in diesem Moment spürte ich sie wieder. Die Euphorie meines Lebens. Nach so vielen Jahren Kampf, Leid, Traurigkeit und Jagd nach Glück, fühlte ich mich auf einmal wieder glücklich. So, wie als Kind. Ich musste kein Ziel erreichen, um die Euphorie zu spüren und ich musste auch nichts dafür tun. Ich musste mich nicht anstrengen und kein Ritual machen oder etwas visualisieren. Das Gefühl war einfach in dem Moment da, in dem ich mich daran erinnerte. Und in diesem Moment war ich glücklich. Einfach so. Grundlos.

Ich spürte keinen Mangel mehr, denn ich hatte ja in diesem Augenblick keine Wünsche und keine Absichten. Ich lehnte die Realität nicht ab, sondern nahm sie einfach mal so an, wie sie gerade war. Das löste ein unglaublich befreiendes Gefühl in mir aus. Und plötzlich dehnte sich die Euphorie auf einen längeren Moment aus. Ich war eine ganze Stunde lang einfach nur glücklich. Ohne, mir irgendeinen Wunsch erfüllt zu haben. Und dann beschloss ich, den ganzen Tag mit diesem Gefühl zu verbringen. Nur, um zu testen, was dann passierte. Ich machte daraus ein Spiel. Ich genoss es einfach, mich so zu fühlen, ging mit diesem Gefühl meinem Alltag nach, spazierte damit durch die Straßen und machte damit einen Einkaufsbummel. Und während ich diesen Spieltag er**lebte**, geschahen die unglaublichsten Ereignisse. Mir fiel das Glück nur so in den Schoß. Ohne Anstrengung. Ganz von allein. Ich musste nichts dafür tun.

Ich stolperte von einem überraschenden Glücksmoment in den nächsten und erlebte in der Realität Situationen, welche dieselbe Euphorie in mir auslösten, die ich den ganzen Tag schon gespürt hatte. So ging es immer weiter mit kleinen Situationen, die mir sofort das Gefühl widerspiegelten, das ich fühlte. Ich beabsichtigte mit diesem Spiel nichts. Ich war einfach nur glücklich. Ohne Grund und ohne Absicht. Und es geschah Glück. Ununterbrochen.

Mir wurde klar, dass das Leben viel besser funktionierte, wenn man Spaß hatte, das Leben im jetzigen Augenblick genoss und es mit Leichtigkeit lebte. Und mir wurde auch klar, dass man dies ohne Probleme auch *konnte*. Egal, wie das Leben aussah. Man konnte glücklich sein, selbst, wenn die Träume noch nicht erfüllt waren und auch, wenn das Leben gerade schwer zu ertragen war. Ich bewies mir damit selbst, dass ich – obwohl ich mich damals in einer unangenehmen Lebenssituation befand – glücklich sein konnte. Denn die Entscheidung, wie ich mich fühlen wollte, lag ganz allein bei mir. Es war auch meine Entscheidung gewesen, mich jahrelang unglücklich zu fühlen, weil meine

Träume noch nicht Wirklichkeit geworden waren. Und es war meine Entscheidung gewesen, mich einen Tag lang *trotzdem* glücklich zu fühlen. Und es passierte gar nichts Schlimmes.

Ich vermute, dass ich all die Jahre geglaubt hatte, wenn ich trotzdem glücklich war – obwohl meine Träume noch nicht Wirklichkeit waren – würde sich nichts ändern. Weil das Universum – oder was auch immer – dann denken würde: *Na gut, wenn sie jetzt schon glücklich ist, braucht sie ja die Erfüllung ihrer Träume nicht mehr.*

Ich glaube, viele Menschen denken so. Sie wollen erst glücklich sein, wenn ihre Träume wahr geworden sind. Und bis dahin leiden sie und kämpfen. So, wie ich es getan habe. Aber so »tickt« das Universum nicht. Es »belohnt« uns nicht irgendwann für unseren Kampf und unser Leid und es macht auch keinen Rückzieher, wenn wir schon vor der Erfüllung unserer Träume glücklich sind. Ganz im Gegenteil. Es tut das, wozu es da ist. Es spiegelt. Sind wir unglücklich, spiegelt es uns Unglück. Sind wir reich und erfüllt, spiegelt es uns Reichtum und Fülle. Sind wir dauerhaft auf dem Weg irgendwo hin, spiegelt es uns dauerhaft einen Weg.

Doch, obwohl ich das verstanden hatte, entstand dadurch, dass diese ganze Sache mit der Absichtlosigkeit und dem kampflosen, grundlosen Glücklichsein im Jetzt so gut funktionierte, sofort die Absicht in mir, es für die Erfüllung meiner Träume einzusetzen. Und natürlich funktionierte es nicht. Denn ich tat es nicht mehr aus Spaß und aus der

Freude heraus, um jetzt in diesem Moment einfach glücklich zu sein, sondern weil ich mir etwas dadurch erhoffte. Und so war es kein *echtes* Glück mehr, sondern *berechnetes* Glück. Und ich versetzte mich wieder in einen Mangelzustand. Es dauerte eine Weile und es folgten noch viele Erlebnisse, Erfolge und Misserfolge und wichtige Erkenntnisse, bis ich es schaffte, mein ganzes Leben nach diesem Spiel zu gestalten und glücklich zu sein, ohne zu beabsichtigen, Glück anzuziehen.

Ich lernte und wuchs an diesem Spiel, das mich – immer, wenn ich es schaffte, mich an die Spielregeln zu halten – zum glücklichsten Menschen der Welt machte und – immer, wenn ich es nicht schaffte – mich unglücklich machte. Das Spiel – Euphoria – wurde zu meiner Lebenseinstellung und war gleichzeitig nichts Anderes, als ein anderes Wort für »Das Gesetz der Anziehung« oder »Du erschaffst, was du **bist**«. Dass ich das, was ich bin, erschaffe und in der Realität immer wieder erfahre, habe ich im Positiven sowie auch im Negativen unzählige Male erlebt und ich bin zu dem Entschluss gekommen, dass ich nichts mehr **sein** will, dass ich nicht **erleben** will.

Und so gab ich die Anstrengung auf. Denn ich wollte keine Anstrengung mehr in meinem Leben anziehen. Ich gab die Wünsche auf, denn ich wollte mich nicht mehr nach etwas sehnen, das ich nicht hatte. Und ich gab die Absichten und Kämpfe auf, denn ich wollte frei und ohne Leid leben. Und so war ich eines Tages wunschlos glücklich, obwohl sich meine Wünsche noch nicht erfüllt hatten. Und es entstand eine Leichtigkeit und ein Freiheitsgefühl in mir, das meine Euphorie noch mehr ansteigen ließ. Nichts mehr zu wünschen oder zu wollen, nichts mehr abzulehnen und keine Absichten mehr zu verfolgen, sondern nur noch das zu tun, was man liebt und das zu lieben, was man tut, ist wie ein Rausch im Euphoria-Himmel. Man ist dauerhaft glücklich und erreicht plötzlich genau den Zustand, den man schon so lange angestrebt hat. Den Zustand, den man erreichen wollte, um das anzuziehen, was man sich gewünscht hat. Glück. Es ist der Zustand, der erreicht werden muss, um die Erfüllung geschehen zu lassen. Ein erfüllter, glücklicher Seinszustand. Und man erreicht ihn nicht mit Anstrengung, sondern mit Leichtigkeit. Mit einem Spiel. Und zwar jetzt in diesem Moment!

Visualisieren, ohne zu wünschen

Die Euphoria-Regeln sind dazu da, dich in einen Seinszustand des Glücks zu versetzen. Denn nur dann kannst du Glück anziehen. Doch ein solcher Glückszustand ist nur dann echt, wenn er absichtslos geschieht. Glücklich zu sein, *um* Glück anzuziehen, versetzt dich wieder in einen Mangelzustand, denn offensichtlich **bist** du ja noch nicht glücklich. Sonst würdest du ja das Glück nicht beabsichtigen anzuziehen. Ein Glückszustand entsteht absichtslos und bedingungslos. So, wie die Liebe. Diesen Glückszustand gilt es in seinem Alltag zu erreichen. Und auch, während man visualisiert. Deshalb ist es sinnvoll, Visualisierungen absichtslos durchzuführen. Denn so erreicht man den höchsten Glückszustand und stellt sicher, dass es keine Hindernisse gibt, die das Glück stören oder die Erfüllung daran hindern können, in Erscheinung zu treten.

Zu visualisieren, ohne dabei zu wünschen, ist nicht schwer. Es braucht nur ein bisschen Übung. Wir sind immer dazu geneigt, uns das, was wir visualisieren, auch zu wünschen. Denn wir würden es ja nicht visualisieren, wenn es uns in unserem Leben nicht fehlen würde. Die Kunst ist, nicht mehr aus einem Gefühl des Mangels heraus zu visualisieren, sondern aus Freude! Nur, weil es Spaß macht.

Man kann das wunschlose, absichtslose Visualisieren üben, indem man sich einfach immer mal wieder etwas in seinem Leben aussucht, das man bereits *hat*, sich also *nicht* wünscht. Vielleicht ist es ein wunderhübscher Balkon, den du mit bunten Blumen bepflanzt hast. Setze dich in einem ruhigen Moment gemütlich hin, schließe die Augen und visualisiere diesen Balkon. Stelle dir dir Blumen vor, atme den süßen Duft ein, streiche mit den Fingern über die Blütenblätter. Du wirst merken, dass du diese Visualisierung in vollen Zügen genießen kannst und auch dein Verstand keine Einwände gegen diese Visualisierung hat, *weil* du keinen Wunsch danach verspürst.

Anders wäre es, wenn du dir diesen Balkon wünschen würdest. Dein Verstand würde dir ständig Dinge sagen, wie: »Hör auf zu spinnen. Du hast so einen Balkon nicht. Was versuchst du damit zu bezwecken? Denkst du, das funktioniert?« Er wird ständig irgendwelche Kommentare zu deiner Fantasie abgeben und deine Visualisierung stören. Hinzu kommt, dass du während der Visualisierung immer wieder deinen Wunsch spüren wirst. »Ach, hätte ich das doch nur. Wäre das schön. Hätte ich doch nur das Geld dafür. Ich sehne mich so danach. Ich will es. Warum kann es nicht so sein?«

Verstand und Gefühl erzeugen also einen permanenten mentalen und emotionalen Mangel. Außerdem macht solch eine Visualisierung keinen Spaß. Versuche deshalb, dich jeden Tag im wunschlosen Visualisieren zu üben. Nimm dir irgendetwas, was du schon hast und visualisiere es. Es kann auch so etwas ganz einfaches, wie eine Tasse sein oder dein Fernseher. Sieh es in Gedanken einfach vor dir, schau es dir genau an, berühre es und erlebe, wie es sich anfühlt, wenn man beim Visualisieren nicht wünscht, sondern einfach nur visualisiert. Wenn du das schon ein paar Mal gemacht hast und weißt, wie sich eine Visualisierung ohne Wunsch anfühlt, dann kannst du dich langsam an deine Wünsche wagen.

Schreibe auf der folgenden Seite alle deine Wünsche auf. Du musst nicht so sehr ins Detail gehen. Ein kurzer Satz zu jedem Wunsch genügt. Wenn du fertig bist, versuche jeden einzelnen Wunsch genauso zu visualisieren, wie du es zuvor mit den Dingen getan hast, die du dir *nicht* wünschst, weil du sie schon hast. Visualisiere deine Wünsche wunschlos. Lasse den Wunsch dabei einfach weg. Wünsche sie nicht. Tue es nur aus Spaß. Absichtslos.

Wenn es dir hilft, sage dir beim Visualisieren, wenn du spürst, dass ein Wunsch in dir entsteht: »Ich wünsche es mir **nicht**! Ich will es mir nur ansehen und es einen Moment genießen.«

Spürst du, wie befreiend es sich anfühlt, diese Worte zu denken? Sprich sie einmal laut aus. Stelle dir etwas Hübsches vor und sage laut: »Ich will es mir nur ansehen.« Du versuchst nichts zu manipulieren oder zu erzwingen, nichts zu bezwecken oder zu erschaffen. Du willst nur sehen, spüren, hören, erleben, wahrnehmen. Nichts weiter.

Du wirst sehen, dass eine Visualisierung ohne Wunsch und ohne Absicht viel mehr Spaß macht und dein Glücksgefühl ins Unermessliche steigern kann. Dein Verstand wird keine Einwände gegen die Visualisierung erheben und du wirst keinen Mangel spüren. Und das bedeutet:

Du **bist** in diesem Moment die Erfüllung.

Du zeigst dem Spiegel der Realität genau das, was du in ihm sehen willst. Die Erfüllung deines Wunsches. Ohne Mangel. Du erlebst die Erfüllung genau so, wie sie sein soll. Ohne Absicht, ohne Kampf. Denn, wenn du am Ziel bist, wird es keine Absicht mehr geben. Und es wird auch keinen Kampf mehr geben. Du bist da. Wozu musst du noch etwas beabsichtigen? Und wogegen willst du kämpfen, wenn du am Ziel bist? Im Ziel gibt es keinen Kampf und es gibt auch keine Absicht und keinen Wunsch mehr. Und genau das ist der Zustand, der beim Spielen erreicht wird. Der Zielzustand. Und diesen wird die Realität dir widerspiegeln (müssen).

Schreibe hier eine Liste deiner Wünsche.
Was wünschst du dir?

Der dauerhafte Glückszustand

Die Schöpfung geschieht nicht nur in den Momenten, in denen wir visualisieren. Sondern in jedem Moment unseres Lebens. In jedem Augenblick sind wir Schöpfer, denn der Spiegel unserer Realität hört nie auf damit, uns zu spiegeln. Es ist also wichtig, nach der Visualisierung nicht wieder in einen Mangelzustand zu fallen. Also Mangel zu *fühlen*. Das ist der Fehler, den viele beim bewussten Erschaffen der Realität machen und den auch ich gemacht habe. Nach der Visualisierung kommt man in die Realität zurück, sieht, dass alles noch so ist, wie vorher und dann geht der Kampf weiter. Die Ablehnung, der Frust, die Traurigkeit, der Mangel. Man fällt also von einem Seinszustand der Fülle, in dem man während der Visualisierung war, in einen Seinszustand des Mangels. Und da wir üblicherweise nicht den ganzen Tag visualisieren, befinden wir uns die meiste Zeit des Tages in einem Mangelzustand und nicht in der Fülle. Also wird Mangel gespiegelt. Genau das, was wir wahrnehmen, sehen, fühlen, erleben. Die Frage ist also, wie kann man sich auch außerhalb der Momente, in denen man visualisiert, in einen Zustand der Fülle versetzen? Denn die Momente, in denen wir visualisieren, sind im Vergleich zu dem Rest des Tages doch verschwindend klein.

Hierzu ein kleiner Denkanstoß: Die Realität anders zu sehen, als sie ist, fiel mir immer sehr schwer. Es kam mir wie Selbstbetrug vor, wenn ich versuchte mir einzureden, dass ich ein erfülltes Leben lebte, obwohl mir die Realität genau das Gegenteil zeigte. Ich konnte mich nicht den ganzen Tag reich fühlen, wenn auf dem Konto Miese waren.

Lucy erlebt in Euphoria ähnliche Situationen. Im dritten Teil sagt Alea zu ihr, dass sie den Frieden in ihrer Familie *sehen* muss, um ihn anzuziehen. Jedoch war ihre Familie immer alles andere als friedlich. Es herrschte andauernder Streit, Leid und Kampf und es fiel Lucy schwer, etwas zu sehen, das »noch« nicht real war. Und so erklärte ihr Alea, was die Realität in Wirklichkeit ist. Sie ist nur eine momentane Projektion unseres Seins und ändert sich *mit* unserer Wahrnehmung. Sobald man etwas Anderes wahrnimmt, *sieht* man auch etwas Anderes.

Zu dem Zeitpunkt, als ich diesen Abschnitt des Romans geschrieben habe, wurde mir in meinem Leben immer wieder gezeigt und bewusst gemacht, wie wichtig bzw. unwichtig die Realität in Wirklichkeit war. Sie war tatsächlich kaum von Bedeutung, denn sie war ja nur ein Spiegelbild. Eine Projektion. Wenn ich in den Spiegel blicke, sehe ich dann die Realität? Ist der Spiegel die Wirklichkeit? Nein. Der Spiegel *spiegelt* mir nur die Wirklichkeit. Er **ist** nicht die Wirklichkeit. Und so ist es auch mit der Realität. Mit unserem Leben. Es **ist** nicht die Wirklichkeit. Es *spiegelt* sie uns nur. Es spiegelt uns *unsere* Wirklichkeit. Und das bedeutet, die Realität um uns herum ist nicht *wirklich* die Realität. Sie ist nur ein Abbild. Die wirkliche Realität sind

wir!

Wie wichtig ist also der Spiegel, die projizierte Realität? Sie ist zweitrangig. Unwichtig sogar. Denn das, was wirklich zählt und was die erste und wichtigste Priorität hat, das, was wirklich *real* ist, das sind **wir**.

Das zu erkennen, war ein Meilenstein in meinem Leben. Die Realität sah plötzlich ganz anders aus. Sie verlor ihren Schrecken und ihre Wichtigkeit. Ihre Dominanz. Sie konnte mich nicht mehr kontrollieren oder beeinflussen. Sie hatte keine Macht mehr über mich und meine Gefühle.

Sich bewusst zu machen, dass die wahre Realität nicht da draußen ist, sondern in *uns*, dass *wir* die wahre Realität und die Wirklichkeit sind, und nicht die Umstände da draußen, befreit dich von dem Gedanken, dass du die Realität verändern und manipulieren musst. Dass du irgendwelche Umstände herbeiführen musst, die dich glücklich machen. Dieses Bewusstsein nimmt der äußeren Realität die Wichtigkeit für dein Leben. Denn tatsächlich hat sie nicht die Bedeutung, die wir ihr immer beimessen. Sie ist zweitrangig, denn sie ist nur ein Spiegelbild der wirklichen Realität, die **du** bist.

Die höchste Priorität hat also nicht das, was da draußen los ist, sondern das, was hier drin los ist. In uns selbst. Wenn die Realität da draußen nicht mehr so wichtig ist, dann nimmt man sie auch nicht mehr so ernst und lässt sich auch nicht mehr von ihr beeinflussen. Armut in ihr zu sehen, Leid oder Kampf, hat dann keine Wirkung mehr auf dich. Denn das, was du da siehst, ist nur die Projektion eines Seinszustandes, den du jederzeit ändern kannst. Nicht, um die äußere Realität damit zu wandeln, sondern nur aus einem Grund: Weil du dich dann besser fühlst und weil du damit der wahren Realität etwas Gutes tust – nämlich dir selbst. Dass die äußere Realität dann darauf reagiert und die wahre Wirklichkeit widerspiegeln muss, ist ein Naturgesetz und geschieht von ganz allein. Das ist ein normaler Vorgang und geschieht ohne Mühe und ohne, dass du die äußere Realität manipulieren musst. Du kannst dich also ganz auf dich selbst konzentrieren und für dein Glück sorgen. Lass die äußere Realität dabei einfach ganz in Ruhe das machen, wozu sie da ist und sei, was immer du sein willst. Sei glücklich.

In »Euphoria – Das Spiel« habe ich verschiedene Spiele und Methoden gezeigt, wie man sich selbst in einen glücklichen Zustand bringen kann. Es gibt viele Möglichkeiten, sich glücklich zu machen. Zum Beispiel durch den Fokus, der bei Euphoria und allgemein beim Gesetz der Anziehung eine große Rolle spielt. Wenn du täglich Euphoria spielst, bringst du dich automatisch in einen glücklichen Seinszustand, denn die ersten beiden Regeln des Spiels machen den Weg frei für die dritte Regel – die Glücksgefühle.

Hier soll es jetzt an die Umsetzung gehen, dich in einen dauerhaften Seinszustand des Glücks zu bringen und deshalb fülle jetzt die nachfolgenden Seiten gewissenhaft und ehrlich aus, denn deine Antworten werden dir den Weg zum Glück weisen.

Was bringt dein Herz zum Frohlocken?
Was macht dich glücklich?

Was sind deine größten Leidenschaften und Hobbys?

Was magst/liebst du an dieser Welt
und auch am Leben?

Wofür in deinem Leben und auf der Welt empfindest du aufrichtige Dankbarkeit?

Diese Übungen helfen dir, dich auf deine Glücksgefühle zu fokussieren und zu dir selbst zurückzufinden. Um einen dauerhaften Seinszustand des Glücks zu erreichen, ist der Fokus sehr wichtig. Wenn du dich oft auf Dinge konzentrierst, die dich glücklich machen, die du magst und für die du dankbar bist, steigert das dein Glücksempfinden um ein Vielfaches. Sich täglich in Form von Spielen darin zu trainieren, den Fokus auf das zu lenken, was man mag, anstatt auf das, was man nicht mag, wird deine Schwingung immer weiter anheben und Dinge in dein Leben ziehen, welche dieser Schwingung entsprechen.

Schaue dir die Dinge, die du aufgeschrieben hast, oft an und beschäftige dich in deinem Alltag mit ihnen. Sie sind deine ganz persönlichen Glücksboten. Beispielsweise kannst du dir angewöhnen, dir jeden Abend in ein Büchlein zu schreiben, wofür du an diesem Tag oder in deinem Leben oder in der Welt dankbar bist. Du könntest deinen Alltag damit verbringen, ausschließlich nach Dingen Ausschau zu halten, die du magst oder liebst und in deiner Freizeit beschäftigst du dich ausgedehnt mit deinen Leidenschaften. All das wird Glück in dir auslösen. Doch es gibt noch eine andere Möglichkeit, dauerhaft glücklich zu sein. Das grundlose und absichtslose Hervorrufen von Glücksgefühlen.

Du kannst jederzeit, in jeder Situation und überall glücklich sein, selbst in stressigen oder traurigen Momenten, wenn du diesen kleinen Trick beherrschst:

Glücksgefühle lassen sich sofort und ohne Grund auf

verschiedene Weise hervorrufen. Durch eine Erinnerung zum Beispiel. Dazu erinnert man sich an einen Moment in seinem Leben, in dem man überglücklich gewesen ist und wird das Gefühl sofort wieder spüren können. Oder man erinnert sich an das Gefühl selbst und beschreibt sich einmal ganz genau, wie sich zum Beispiel Vorfreude anfühlt. Was ist Vorfreude für ein Gefühl und wo im Körper spürt man sie? Wie fühlt sie sich genau an? Auch dann wird das Gefühl der Vorfreude sofort in einem entstehen. Wenn man das öfter macht, wird man nach einer Weile gar keine Erinnerung mehr brauchen, um das Gefühl in sich hervorzurufen. Man benötigt keine Stütze mehr, die es entstehen lässt, sondern fühlt es einfach in dem Moment, in dem man es fühlen will. Augenblicklich. Man knipst es an, wie einen Lichtschalter. Und es wird von Mal zu Mal immer leichter.

So kann man zum Beispiel den einen Tag mit dem Gefühl der Dankbarkeit verbringen und es immer wieder ganz grundlos in sich hervorrufen und den nächsten Tag verbringt man mit dem Gefühl der Freude. Jedes Gefühl wird entsprechende Situationen in der Realität anziehen. Läuft man den ganzen Tag mit einem Gefühl von Dankbarkeit durch die Gegend, werden einem immer wieder Situationen begegnen, in denen man Dankbarkeit spürt. Einem wird etwas geschenkt, glückliche Fügungen geschehen, man gewinnt etwas, usw. Das Gefühl zieht Situationen an, die mit ihm in Resonanz stehen. Genauso ist es mit den Gefühlen Freude, Verliebtsein, Euphorie, Frieden und mit jedem anderen Gefühl.

Alle diese Gefühle lassen sich augenblicklich hervorrufen. Es ist nur eine Entscheidung, wie wir uns fühlen wollen und mit welchem Gefühl wir den Tag verbringen wollen. Wir können den ganzen Tag verliebt sein und die Welt durch eine rosarote Brille betrachten. Es ist gar nicht schwer. Man muss sich nur daran erinnern, wie sich das Gefühl anfühlt oder sich vorstellen, wie es sich anfühlen würde und es einfach fühlen. Jetzt in diesem Moment. Und schon sind wir glücklich. Einfach so.

Das ist ein sehr schönes Spiel, das man jeden Tag und in jeder Situation spielen kann. Du kannst es zum Beispiel jetzt sofort spielen und das Gefühl von Zufriedenheit in dir entstehen lassen. Erinnere dich daran, wie es sich anfühlt rundum zufrieden zu sein. Wenn du keine Erinnerung dazu hast, nutze deine Fantasie und stelle dir vor, wie es sich anfühlen *würde*. Und dann analysiere dieses Gefühl. Beschreibe es dir ganz genau. Wenn du willst, kannst du die nachfolgende Seite dafür verwenden. Du wirst merken, dass das Gefühl in dem Moment in dir entsteht, in dem du dich daran erinnerst oder es dir vorstellst. Spiele dieses Spiel so oft du kannst. Dann werden dein Glückspegel und auch deine Schwingung immer weiter ansteigen.

Wie fühlt sich Zufriedenheit an?

Die Kunst die Realität nicht verändern zu wollen

Als Nikolas Lucy vom Gesetz der Anziehung erzählt hat, war sie sofort fest entschlossen, ihr ganzes Leben zu verändern. Als er ihr dann sagte, sie dürfe diese Absicht nicht verfolgen, war sie zunächst verwirrt. Eine Absicht bedeutet immer Mangel, erklärte er ihr. Denn hinter einer Absicht steht immer ein Wunsch. Außerdem können durch eine Absicht Zweifel entstehen. Zweifel, ob du dein Ziel auch erreichst. Ob du es schaffst. Ob du genug dafür tust. Fest genug daran glaubst, usw. Ohne eine Absicht stellen sich diese Fragen nicht.

Eine beispielhafte Szene hierfür ist Lucys Versuch, mit ihren Gedanken eine Milchtüte umfallen zu lassen. Es ist zwar ein fiktives Beispiel, kann aber problemlos auf alle Themen des Lebens übertragen werden. Lucy versuchte die Milchtüte umfallen zu lassen, indem sie immer wieder sagte: »Fall um! Fall um!« Dabei stellte sie sich in Gedanken vor, wie die Tüte umkippte. Als Nikolas hereinkam, sagte er: »Zwing sie nicht! Sie wird das tun, was du willst, wenn du sie **lässt**.«

Schauen wir uns die Szene mit dem Hintergrundwissen an, dass die Welt, also unsere Realität, der Spiegel unseres Seins ist, erkennen wir, dass sich Lucy in diesem Moment in einem Mangelzustand befand und die Tüte diesen Mangelzustand spiegeln musste. Indem sie dauernd sagte »Fall um! Fall um!«, befand sie sich in einem Seinszustand, in dem die Tüte immer noch stand und **nicht** umfiel. Sie stellte sich zwar vor, wie sie umfiel, jedoch passte ihr Seinszustand nicht zu diesem inneren Bild.

Nikolas' Worte »Zwing sie nicht!«, meinten in diesem Moment: »Hör auf, sie verändern zu wollen.« Die Realität verändern zu wollen, versetzt uns wieder in einen Mangelzustand, in dem die Realität noch nicht so ist, wie wir sie haben wollen. Wir lehnen die Realität ab (Kampf) und wollen sie verändern (Absicht). Beides (Kampf und Absicht) versetzt uns in den Mangel. (Ausführliche Erklärungen dazu findest du in »Euphoria – Das Spiel)

Die Realität, genauso, wie sie jetzt ist, ist eine Schöpfung. Wer oder was diese Realität so erschaffen hat, spielt keine Rolle. Auch nicht, welche Umstände die Milchtüte dazu veranlasst haben, genauso dort zu stehen, wie sie eben dort steht. Lucys Versuch, sie umfallen zu lassen, ist gleichzeitig ein Aufrechterhalten dieser Schöpfung. Durch ihre ablehnende Haltung der Schöpfung gegenüber und der gleichzeitigen Absicht, sie zu verändern, muss die Realität ihr erneut **Abwehr gegen die Schöpfung und gleichzeitig die Absicht widerspiegeln, sie zu verändern**. Sie kann also nicht umfallen. Denn sie muss Lucys Seinszustand widerspiegeln. Und dieser bestand in diesem Moment aus Mangel. Durch den Kampf und durch die Absicht.

Nikolas sagte zu ihr: »Sie wird das tun, was du willst, wenn du sie **lässt**.« Er forderte sie auf, ihre Wünsche, ihr

Streben und ihr Wollen von der Milchtüte zu entfernen und *nicht* mehr zu versuchen, sie zu verändern, sondern die Veränderung zu **sein**. Ohne Absicht. Und ohne Wunsch. Sie sollte geschehen lassen, was sie erschaffen wollte. Es nicht erzwingen, sondern *zulassen*.

Lucy entfernte sich emotional und mental von der Milchtüte und ließ sie in Ruhe. Sie ließ die Realität in Ruhe und versuchte nicht mehr, sie zu manipulieren. Stattdessen konzentrierte sie sich nur auf sich selbst. (Auf die *wahre* Wirklichkeit!) Auf ihr inneres Bild und auf ihre Gefühle. Sie versetzte sich in einen Seinszustand, in dem die Tüte bereits umgefallen war. Jedoch, ohne die Tüte damit beeinflussen zu wollen. Sie wollte die Tüte nicht mehr dazu bewegen, umzufallen. Sie **war** das Umfallen der Milchtüte. Sie sagte also nicht mehr »Fall um! Fall um!«, sondern wiederholte die Worte: »Ich lasse dich. Ich lasse dich.« Das löste ein anderes Gefühl in ihr aus. Ein leichtes, kampfloses Gefühl. Und in diesem Moment kippte die Milchtüte um. Sie hatte keine andere Wahl, denn sie musste Lucys Seinszustand widerspiegeln, der in diesem Moment die Erfüllung ihres Gedankens war.

Übertragen auf das Leben heißt das: Je mehr wir versuchen, unser Leben zu ändern, umso mehr wird uns das Leben widerstreben. Veränderung geschieht von allein, wenn man selbst die Veränderung **ist**. Die Realität, so wie sie jetzt ist, ist in Ordnung. Denn sie wurde so erschaffen. Sie verändern zu wollen ist zwar ein sehr menschlicher und normaler Wunsch, aber diese Absicht beinhaltet nicht nur einen Mangel, sondern auch einen Widerstand gegen die momentane Realität. Einen Kampf. Und ein Kampf wird immer einen Kampf erschaffen. Der Widerstand muss in der Realität gespiegelt werden. Und so wird das Verändern der Realität mit Anstrengung verbunden sein. Hört man jedoch auf, die Realität verändern zu wollen, kann kein Widerstand, kein Kampf und kein Mangel mehr gespiegelt werden. Die Realität anzunehmen und ihr nicht mehr zu widerstreben, wird Frieden entstehen lassen. Und dieser Frieden ist die beste Voraussetzung, um die Dinge zu erschaffen, die man in der Realität sehen will.

Sieh dich in deiner Realität um und übe dich bewusst darin, ihr nicht mehr zu widerstreben, sondern sie vollständig anzunehmen. Denn sie kann sich nur verändern, wenn du sie nicht mehr verändern *willst*, sondern die Veränderung **bist**. Und das heißt: Lass die alte Realität in Ruhe, höre auf, sie verändern zu wollen und konzentriere dich stattdessen auf eine neue Realität. Und zwar unabhängig von der alten und ohne die Absicht zu verfolgen, die alte Realität damit zu verändern. Die neue Realität in deinem Kopf sollte von der alten Realität vollkommen unabhängig und ungeprägt sein. Sie sollte nicht aus Gefühlen wie Frust, Traurigkeit, Wut, Ärger, Sehnsucht und Wünschen bestehen, also Gefühlen, die aus der alten Realität entstanden sind. Sie sollte neu sein. Unberührt. Voller Freude, Euphorie und Fülle. Ohne auch nur einen Funken von Mangel zu enthalten.

Stell dir vor, die neue Realität ist ein völlig anderes und neues Universum. Ein Universum, das parallel zu dem Universum existiert, in dem du dich im Moment noch befindest, das aber dennoch nichts damit zu tun hat. Es sind zwei verschiedene Welten. Eine Welt, in der du dich gerade jetzt befindest und eine, die neu, wunderschön und voller erfüllter Träume ist. Du musst nichts weiter tun, als diese neue Welt mit deinen Gedanken und deinen Gefühlen zu betreten und sie zu erleben. Du musst die alte Welt nicht verändern, um die neue Welt erleben zu können. Es sind zwei verschiedene Welten und jede hat ihre Schöpfung und ihre Daseinsberechtigung. Keine von ihnen muss manipuliert werden. Sie existieren gleichzeitig und können betreten werden, wann immer du es willst.

Wie würde ein Universum aussehen, in dem alle deine Wünsche Wirklichkeit geworden sind? Stell dir ein solches Universum einmal vor. Es wäre eine wunderschöne Welt, in der du deine Träume lebst. Du würdest den Beruf leben, der dich glücklich macht, du hättest den Partner an deiner Seite, der dich vollkommen erfüllt, das Haus, das du dir immer erträumt hast, dein Lieblingsauto, wunderbare Freunde, Reichtum, Glück, Gesundheit... Du hättest alles, was dich glücklich macht. Kannst du dir ein solches Universum vorstellen? Versuche, es dir auszumalen, ohne dein altes Universum damit verändern oder manipulieren zu wollen. Verlasse einfach das alte Universum und betrete das neue. Ohne Absicht. Sondern einfach nur aus dem einzigen Grund, weil es Spaß macht.

Schreibe auf der nächsten Seite auf, wie dieses Universum aussehen würde. Wie wäre die Realität in dieser Welt? Wer wärst du? Und *wie* wärst du? Wie würdest du dich fühlen?

Und wie sähe dein Alltag aus? Schreibe alles auf und tauche in diese Welt ein. Nur, um sie einmal kennenzulernen. Um zu erleben, wie es dort drüben ist.

Während du schreibst, wirst du merken, dass dein Verstand keine Gründe finden wird, deine Vorstellung auf irgendeine Weise zu sabotieren. Denn 1. verfolgst du mit diesem Spiel keine Absicht und 2. versuchst du nicht, die momentane Realität, die dein Verstand als real wahrnimmt, mit diesem Spiel zu manipulieren. Unser Verstand hat nichts gegen Fantasiereisen. Sie tun der Seele gut und trainieren die Fantasie und Vorstellungskraft.

Dieses Spiel übt dich darin, die Realität nicht verändern zu wollen und deine Träume wunschlos und absichtslos zu visualisieren.

Wie sieht das Universum deiner erfüllten Träume aus?

In einer solchen Visualisierung kann man sein, tun, sehen und fühlen, was immer man will. Man kann das Leben so wahrnehmen, wie es einem gefällt. Aber wie reagiert man am besten, wenn man aus der Visualisierung wieder in die alte Realität zurückkehrt? Man lässt sie weiterhin in Ruhe und versucht nicht, sie zu manipulieren oder zu verändern, sondern sucht in dieser Realität immer und immer wieder das größte Glück. In jedem Augenblick. Der Fokus wird nur auf das gelenkt, was man mag und was man gut findet. Alles Andere wird zwar akzeptiert, aber nicht weiter beachtet. Beim Spiel der Götter sorgt man in jedem Moment dafür, dass es einem gut geht. Denn dieser Seinszustand ist sehr wichtig. Er ist das wichtigste in deinem Leben und hat die höchste Priorität. Denn er ist die wahre Realität.

Frage dich in jedem Moment: »Wie geht es mir? Und was kann ich tun, damit es mir besser geht?« Dann spielst du vielleicht eine Runde mit deinen Glücksgefühlen, konzentrierst dich auf Dinge, die du magst oder beschäftigst dich mit deinen Leidenschaften, tust irgendetwas, das deinem Körper gut tut oder deiner Seele, schaust einen schönen Film oder hörst deine Lieblingsmusik. Es gibt unzählige Möglichkeiten, dich in einen Glückszustand zu bringen. Und wenn du ein bisschen Zeit hast, machst du eine Reise in das parallele Universum, in dem deine Wünsche Wirklichkeit sind. Und immer wieder sagst du dir, dass du die alte Realität damit nicht verändern willst, sondern einfach erleben willst, wie sich das parallele Universum anfühlt. Das ist eine Visualisierung ohne Absicht, ohne Kampf und ohne Hindernisse.

Der schnellste Weg ans Ziel

Wenn man seinen Alltag mit Glücksgefühlen verbringt, sich auf das Positive fokussiert, Dankbarkeit empfindet und einfach im jetzigen Augenblick glücklich ist, merkt man schnell, dass sich das Leben um einen herum verwandelt. Alles wird irgendwie bunter. Freundlicher. Schöner. Die Menschen sind netter, die Sonne scheint öfter, es geschehen merkwürdige, glückliche Zufälle. Das Leben macht auf einmal viel mehr Spaß.

Aber da sind immer noch unsere Träume und Ziele, die wir erreichen wollten. Wie kommen wir dort hin, ohne zu wünschen oder zu beabsichtigen? Das ist ganz einfach. Viel einfacher, als der übliche Weg, auf dem wir uns, während wir unseren Träumen und Zielen nachjagen, völlig verausgaben. Normalerweise setzen wir uns erst einmal ein Ziel. Eines, das uns schon beim bloßen Gedanken daran vor Glück im Dreieck springen lässt. Je größer das Ziel ist, desto aufregender und spannender wird es und desto motivierter sind wir, alles dafür zu tun, um dieses Ziel zu erreichen. Mit der Größe des Ziels wächst also der Ehrgeiz, die Motivation, die Energie und der felsenfeste Wille. Jedoch wächst auch gleichzeitig der Kampf und die Anstrengung. Mit großen Zielen verbinden wir meistens viel Arbeit. Aber das nehmen wir in Kauf, denn wenn wir erst einmal da sind, sind wir die glücklichsten Menschen der Welt. Und das entschädigt uns doch für die harte Arbeit. Und dann macht man sich auf den Weg. Man überlegt sich einen Plan, wie man dieses Ziel erreichen könnte und ackert los. Und dabei hat man immer nur einen Gedanken im Kopf: Das Ziel. Dabei ist es ganz egal, ob uns die Arbeit Spaß macht oder uns zuwider ist oder sogar quält. Wie halten durch, denn wir wollen ja unser Ziel erreichen. Vielleicht müssen wir viele Überstunden machen und manche Dinge tun, die uns in Wirklichkeit widerstreben. Aber wir tun sie trotzdem. Denn: Das Ziel! Vielleicht bleibt das Privatleben auf der Strecke, die Familie wird vernachlässigt, nächtelang wird durchgearbeitet, Zeit und Geld investiert... Jahre verstreichen, in denen man sich nur um das Ziel kümmert und das Leben dabei völlig vergisst. Denn: Wenn das Ziel erst mal erreicht ist, lebt man wie Gott in Frankreich und ist endlich glücklich. Vielleicht leidet in all den Jahren die Gesundheit unter der Belastung, dem Druck und dem Kampf und vielleicht auch die Psyche. Aber das macht nichts, denn: Wenn man erst mal am Ziel ist … Du weißt sicher schon, worauf ich hinaus will. Wir setzen uns ein Ziel und sagen uns, dass wir – wenn wir erst mal da sind – richtig losleben. Aber vorher muss eben gearbeitet werden. Was aber hat man von dem Ziel, wenn man völlig erschöpft, seelisch/psychisch am Ende, ausgezehrt, kränklich und mit schlurfenden Schritten in die Ziellinie läuft? Wäre es nicht viel schöner, wenn man voller Elan, Lebensfreude, Kraft und absolut gesund und glücklich ins Ziel springt? Und zwar in kürzester Zeit und ohne Mühe?

Was ist der Sinn von Anstrengung? Es ist doch nur ein

Glaubenssatz, dass man für große Ziele auch große Anstrengungen auf sich nehmen muss. Denn woraus besteht denn das Ziel? Aus Glück, nicht wahr? Pures, reines Glück. Wenn wir an unsere großen Ziele denken, kriegen wir einen regelrechten Glücksrausch. Ist es nicht – angesichts der Tatsache, dass Gleiches Gleiches anzieht und man immer das erschafft, was man **ist** – paradox zu glauben, dass man Glück durch Anstrengung erreicht? Viel logischer wäre es doch, zu sagen: Glück erreicht man durch Glück. Und weil dieser Satz so wichtig ist, gleich noch mal:

Glück erreicht man durch Glück!

Wie kommt man auf dem schnellsten Weg an sein Ziel? Durch Glück! Das ist der Euphoria-Weg ans Ziel. Und dieser Weg ist sehr kurz, schnell und spaßig. Ich habe ihn für mich entdeckt, als ich es nicht mehr ertragen konnte, zu kämpfen. Und auch keine Kraft mehr dafür hatte. Ich habe die Anstrengung über Bord geworfen, habe aufgehört, dem Ziel hinterher zu jagen und bin stehen geblieben, um ein Wörtchen mit meinem höheren Selbst oder meiner Intuition zu reden. Das mache ich oft, wenn ich nicht weiter weiß. Und dann kommen immer sehr deutliche und interessante Antworten oder Hinweise. Ich wollte also immer noch mein Ziel erreichen, aber ich wollte nicht mehr kämpfen und mich nicht mehr anstrengen. Also fragte ich: »Wie komme ich jetzt euphoriamäßig an mein Ziel? Also ohne Absicht, ohne

Kampf und mit Spaß!«

Dazu muss ich sagen, dass ich solche Fragen gern in meinen Computer tippe und dann davor sitze und auf Antworten warte. Diese kommen dann einfach wie aus heiterem Himmel in mir hoch. Dann schreibe ich einfach drauf los, ohne genau zu wissen, ob das, was ich da schreibe einen Sinn ergibt. Ich schreibe einfach, was aus mir hinaus will. Manchmal klingt es dann so, als würde jemand mit mir sprechen. Ein Freund, der mir die Dinge erklärt, die ich wissen will. Auch nachdem ich diese Frage gestellt hatte, kam ein Text zustande, der klang, als hätte mir ein alter Freund einen Rat gegeben. Er ist völlig intuitiv entstanden, ohne nachzudenken. Er besteht nur aus Gefühlen. Und ich möchte diesen Text einmal aus meinem Frage/Antwort-Spiel zitieren und bitte dich, ihn mit dem Herzen zu lesen – so, wie ich ihn geschrieben habe:

Das, was du liebst, weist dir den Weg in deine Welt – zu deiner Erfüllung; dir selbst.

Hab Vertrauen. Mit deiner Liebe kannst du Großes bewirken. Liebe aber nicht um der Wirkung willen. Liebe, weil du es bist, was du da liebst. Deine Wünsche sind dein Schicksal. Ihre Erfüllung ist dein Weg. Sie gehören zu dir – schon immer.

Liebe! Liebe ohne Absicht. Sondern nur aus einem Grund: Weil es dich erfüllt.

Deine Macht ist größer als dein Wille.

Du hinderst die Erfüllung, indem du kämpfst und deinen Willen durchsetzen willst. Sei stattdessen, was du bist. Denn die Erfüllung ist nur das Ergebnis deiner bedingungslosen, absichtslosen Liebe deiner wahren Natur gegenüber. Liebe und lebe deine wahre Natur. Nur so erkennst du deine wahre Größe und die Grenzenlosigkeit deiner Möglichkeiten.

Es geschieht von allein, wenn du deinem Herzen folgst. Wenn du lebst, was du bist – wie auch immer die Umstände aussehen mögen. Dann erlebst du die Entfaltung deiner Göttlichkeit – Fülle – Erfüllung. Denn das ist dein Schicksal. Die Erfüllung deines Selbst. Deine Wünsche gehören zu dir. Genauso wie ihre Erfüllung. Doch du trennst dich davon, wenn du ihnen hinterher jagst.

Erkenne, dass sie schon immer da waren. Und dass nur du die Erfüllung in deiner Hand hast. Liebe und lebe deine wahre Natur. Dann seid ihr Eins. Und nichts kann euch mehr trennen.

Du bist dazu bestimmt, deine Wünsche wahrzumachen. Und du hast richtig erkannt, dass du dich auf deinem Weg von der Erfüllung getrennt hast. Aber du bist ihr auch näher gekommen. Denn auf diesem Weg hast du diese Erkenntnis erlangt. Und sie ist der Schlüssel.

Wenn du Liebe und Glück in deinem Leben willst, dann folge der Liebe und dem Glück. Sie sind deine Wegweiser und dein Ziel. Dein Ziel – das, was du liebst – wird nur erreicht **durch** *deine Liebe. Deine Liebe, deine Leidenschaften, sind die Wege, die dich direkt zu deinem Ziel führen. Sie sind unmittelbar damit verbunden.*

Erlebst du den Wunsch nach einem Ziel, ist damit auch sofort Leidenschaft verknüpft, um dir den Weg zu weisen. Was glaubst du, warum du diese Leidenschaften hast? Sie gehören zu deinem Schicksal. Zu deiner Erfüllung.

Ohne Erfüllung gibt es keine Leidenschaft, die den Weg weist.

Ohne Leidenschaft gibt es keine Erfüllung. Ein Ziel kann nur existieren, wenn es auch einen Weg gibt. Und der Weg ist in perfekter Resonanz mit dem Ziel.

Je heißer und leidenschaftlicher dein Ziel ist, umso heißer und leidenschaftlicher zeigt sich in dir ein Drang. Der Drang, etwas tun zu wollen – etwas, das du heiß und innig liebst. Der Drang, deine wahre Natur zu leben. Das, was du bist und was du liebst.

Wenn du wissen willst, wie du an dein größtes Ziel kommst, halte Ausschau nach deinen größten Leidenschaften. Sie sind eins. Wenn du das eine lebst, zeigt sich das andere.

Beschäftigst du dich intensiv mit einem Ziel, achte darauf, welche Leidenschaft im selben Moment, zur selben Zeit in dir erwacht. Welches Feuer entfacht sich in dir, während du über dein Ziel nachdenkst? Dieses Feuer wird dich zu deinem Ziel tragen. Von ganz allein. Ohne Anstrengung. Folge einfach den Impulsen in dir. Sie sagen dir, was zu tun ist. Lebe dieses Feuer und es wird mit der Erfüllung eins werden.

Denke jetzt an dein Ziel! Fühle es. Und jetzt denke darüber nach, wozu du am meisten Lust verspürst. Das ist dein Weg.

Das war eine sehr sehr klare Antwort und ich weiß ehrlich gesagt nicht, woher sie kam. Aber das ist auch nicht wichtig. Wichtig ist, dass ich in dem Moment wusste, was ich zu tun hatte. *Wenn du Liebe und Glück in deinem Leben willst, dann folge der Liebe und dem Glück.* Ich musste also meinem Herzen folgen. Dem, was ich liebte. Meinen Leidenschaften. Denn, sie würden mich direkt zu meiner Erfüllung führen.

Ich las mir den Text noch mehrere Male durch und erkannte mit jedem Mal mehr, dass es darin erneut nur ums

Glücklich**sein** ging. Nicht darum, irgendwann glücklich zu werden, sondern im Jetzt glücklich zu **sein**. Und was kann einen glücklicher machen, als seinem Herzen zu folgen und in dem aufzugehen, was man tut? Es ist ganz logisch, dass dadurch Erfüllung geschieht. Denn seinem Herzen zu folgen, ist die größte Erfüllung, die man erleben kann. Und Erfüllung erschafft erneut Erfüllung. Mir war nur noch nicht ganz schlüssig, welcher meiner vielen Leidenschaften ich nun folgen sollte, um dieses konkrete Ziel zu erreichen. Also setzte ich mich hin und tat, was mir mein inneres Helferlein gesagt hatte. Ich stellte mir mein Ziel vor und fühlte mich so intensiv wie möglich hinein. Ich erlebte das Ziel so emotional, dass ich glaubte, vor Glück zu zerspringen. Und in dem Moment spürte ich tatsächlich den Drang etwas Bestimmtes zu tun. Es kam mir blitzartig in den Sinn und entfachte das oben beschriebene Feuer in mir. Ich wollte mich sofort damit beschäftigen, also sprang ich auf und tat es einfach. Und tatsächlich führte diese Leidenschaft dann dazu, dass es mit meinem Traum wirklich voran ging und sich glückliche Fügungen ereigneten.

Der schnellste Weg ans Ziel führt also über die Leidenschaft. Dabei sollte man ganz auf sein Bauchgefühl hören und sich davon leiten lassen. Seinen inneren Impulsen folgen: »Was will ich jetzt tun? Was fühlt sich gut an?«

Finde mit der nächsten Übung heraus, welche Leidenschaft mit deinem Traum gekoppelt ist. Stelle dir deinen Traum vor, erlebe ihn in deiner Fantasie und steigere dich so gut es geht hinein. Und dann spüre nach, wozu du in diesem Moment die größte Lust hättest. Suche deine

Leidenschaften. Dein Feuer. Vielleicht hast du es auch schon herausgefunden, als du in den vorherigen Übungen aufgeschrieben hast, was deine größten Leidenschaften sind. Folge ihnen. Sie führen dich zu deiner persönlichen Erfüllung.

Welche Leidenschaften und Impulse entstehen in dir, wenn du deinen Traum visualisierst?

Ein Ziel kann man also auch ganz absichtslos erreichen. Indem man es sich einfach vorstellt und das tut, was das Herz einem sagt. Das, was man liebt. Denn dann lebt man sein wahres Selbst aus. Und dieses führt immer zur Erfüllung. Man muss nicht darum kämpfen und man muss sich auch nicht anstrengen. Man muss nur Spaß haben. Und hier sind wir wieder beim Euphoria-Spiel. Der Spaß und die Freude im jetzigen Augenblick, absichtslos und ohne Kampf, führt zur Erfüllung. Von ganz allein.

Wenn du dich einmal in der Welt umschaust, dann findest du viele Menschen, die sehr viel erreicht haben und sich ihre größten Träume erfüllt haben. Es gibt unzählige davon. Begnadete Künstler zum Beispiel oder große Sportler, Sänger, Schauspieler, Geschäftsleute, Erfinder. Wenn man sich all die ganz großen auf der Welt anschaut, erkennt man, dass sie alle etwas gemeinsam haben: Leidenschaft.

Was macht zum Beispiel einen Schauspieler zu einem Ausnahmetalent? Seine Leidenschaft für das Schauspielern. Alle großen Schauspieler, die ganz oben an der Spitze stehen, verlieren sich in ihren Rollen und empfinden die größte Leidenschaft bei dem, was sie tun. Genauso ist es bei Sängern. Wer aus Freude singt und seine Leidenschaft dabei auslebt und regelrecht explodieren lässt, ohne Hemmungen und ohne Masken, der wird die Menschen mitreißen und große Erfolge haben. Ohne es beabsichtigt zu haben. Wenn jemand etwas mit Leidenschaft tut, dann löst das in anderen Menschen Faszination und Begeisterung aus.

Im zweiten Euphoria-Teil gibt es eine Szene, in der

Nikolas und Hilar mit der kleinen Maja ein Konzert von Michael Jackson ansehen. Sie sind nicht nur von der Begeisterung, die Maja für ihren Lieblingskünstler empfindet, überwältigt, sondern auch von jener der Fans. Und sie erkennen in diesem Moment, was es mit der Begeisterung auf sich hat. Ein Mensch, der das, was er liebt voller Leidenschaft tut, ohne sich von begrenzenden Gedanken bremsen zu lassen, der lebt seinen göttlichen Kern aus, seine einzigartige und wahre Größe. Und das wirkt sehr anziehend und faszinierend auf Menschen. Es löst Be**geist**erung aus. Es wird regelrecht der Geist der Menschen angesprochen. Ihr Wesenskern.

Warum können wir kaum wegsehen, wenn jemand etwas mit voller Leidenschaft tut? Wenn jemand in dem, was er tut vollkommen aufgeht. Was fesselt uns daran so? Es ist ihr göttlicher Kern. Wir können ihn in diesen Momenten sehen und spüren und es ist, als würde er uns mitreißen und uns auffordern, dasselbe zu tun.

Diese kleine Szene in dem Buch ist sehr bedeutend, denn sie spiegelt den Drang eines jeden Menschen wider, sein göttliches Selbst auszuleben. Wir alle wollen uns entfalten und sein, was wir *wirklich* sind. Wir wollen das ausleben, was in uns ist. Das Feuer entfachen und die Leidenschaft. Und wenn wir jemanden sehen, der es einfach *tut*, dann sind wir manchmal vor Begeisterung kaum zu halten. Irgendwo tief in uns wird dadurch etwas berührt. Etwas Ursprüngliches. Egal, welchem Menschen wir dabei zusehen, wie er seinen göttlichen Kern auslebt, die Faszination dahinter liegt in uns selbst begründet.

Irgendetwas in uns wird wach, wenn wir gelebte Leidenschaft sehen. Es ist der Teil in uns, der gelebt werden will. Der hinaus will. Der göttliche Funke, den wir mitgebracht haben und der sich ausdrücken will, um die Welt zu bereichern und zu erfüllen. Denn genau das tun wir, wenn wir unserem Herzen folgen und unsere Leidenschaften leben. Wir bereichern die Welt mit unserer Einzigartigkeit. Wir tragen unseren einzigartigen Beitrag zu der Schöpfung bei und leben unsere Bestimmung: Die Entfaltung unseres wahren Selbst.

In jedem Menschen gibt es so etwas. Leidenschaften, Gaben, Talente, Interessen, Hobbys. Dinge, die du einfach tun *musst*, weil du es nicht lassen kannst. Du hast so viel Spaß daran, dass du darin völlig aufgehst. Es sind Dinge, die dein Herz entflammen und dein ganzes Sein in einen harmonischen Einklang bringen, wenn du sie tust.

Und das ist auch das Geheimnis des Erfolges. Das, was du mit dieser Leidenschaft tust, tust du mit einer besonderen Energie. Du bist in diesem Moment in direktem Kontakt zu dir selbst und zum ganzen Universum. Du folgst deiner inneren Harmonie, deiner Liebe, deinem göttlichen Kern und deinem inneren Reichtum und all das, was du dabei fühlst, wird sich im Außen widerspiegeln. Freude, Harmonie, Liebe, Reichtum, Leidenschaft, Spaß, Erfüllung.

Tue das, wofür du die größte Leidenschaft empfindest und tue es *mit* dieser Leidenschaft. Dann wirst du den größten Erfolg haben.

Denke darüber nach, was deine größten Leidenschaften sind und was in dir dieses Feuer entfacht. Was *willst* du tun?

Was will dein Herz? Frag es. Wofür »brennst« du? Womit kannst du einfach nicht aufhören? Wonach sucht dein Herz immer wieder und wofür schlägt es? Fühle genau nach und schreibe dir noch einmal auf, was in dir dieses Feuer der Leidenschaft entfacht. Und dann TUE es.

Was entfacht das Feuer der Leidenschaft in dir?

Glück erschaffen

Wer möchte nicht gern ein Leben leben, das mit Glück gesegnet ist? Ein Leben, in dem einem alles wie von allein zufliegt, was glücklich macht, ohne, dass man sich dafür anstrengen muss. So etwas gibt es. Manche Menschen leben in den Tag hinein, tun, was ihnen Spaß macht und bekommen alles, was sie wollen. Das Glück fällt ihnen regelrecht in den Schoß. Und andere arbeiten ihr Leben lang und rackern sich für ein kleines Stück vom Glück ab, ohne je das Gefühl zu haben, dass ihnen irgendetwas in den Schoß fällt. Im Gegenteil. Sie müssen sich alles hart erkämpfen.

Was machen die Glückspilze anders, als die Pechvögel? Sind sie andere Menschen? Sind sie netter, als andere oder vielleicht gemeiner? Bekommen sie deswegen alles, was sie wollen? Weil sie gemein sind und vielleicht auch egoistisch? Oder haben sie ein besonderes Glücksgen? Auf solche Ideen könnte man kommen, wenn man sich manche Glückspilze so anschaut. Aber es gibt auch nette Glückspilze. Und auch gemeine Pechvögel. Und es gibt auch ängstliche, tollpatschige und unsichere Menschen, denen das Glück immer hold ist. Genauso wie selbstbewusste, stolze und starke Persönlichkeiten, die vom Pech verfolgt sind. Und da wir vom Gesetz der Anziehung wissen, können wir nicht behaupten, dass es irgendein Glücksgen gibt und dass der eine es besitzt und der andere nicht.

Was macht aber den Unterschied, ob jemand sein Leben lang Glück hat oder immer wieder auf die Nase fällt? Es sind die inneren Programme. Die bewussten, aber vor allem die unbewussten Glaubenssätze. Das, wovon ein Mensch *überzeugt* ist. Solche Programme entstehen meist schon in der Kindheit. Da wird einem Kind zum Beispiel immer wieder gesagt: »Du bist ein totaler Tollpatsch, aber fällst immer wieder auf die Füße. Du musst ein Glückskind sein.« Oder: »Du bist ein toller Mensch mit einem starken Charakter. Aber solche Menschen fallen immer auf die Nase.« Oder vielleicht auch so etwas: »Nette Menschen werden es nie zu etwas bringen. Man muss ein Schwein sein, um reich und glücklich zu werden.«

Und so wird ein Kind zu einem erwachsenen Tollpatsch, der immer Glück hat oder zu einem wunderbaren, starken, selbstbewussten Menschen, der vom Pech verfolgt ist oder zu einem Schwein, das in Glück und Reichtum schwimmt. Es gibt keine Eigenschaft, keinen äußeren Umstand, keine Herkunft, kein Gen und auch sonst nichts, das einen Menschen zu einem Glückspilz oder zu einem Pechvogel macht. Es sind unsere inneren Programme, die darüber entscheiden, was wir erleben oder nicht erleben. Es sind gespeicherte Systeme, die immer wieder ablaufen. Tag für Tag. Ohne Unterlass. Sie erschaffen eine Realität, die uns genau das widerspiegelt, was einst in diesem Programm abgespeichert wurde: Unsere Überzeugung. Und sie hören nicht damit auf. Sie bleiben so lange bestehen, bis *wir* sie ändern.

Doch, um das zu tun, ist es erst einmal wichtig, zu erkennen, wie solche Programme eigentlich entstehen. Was macht ein Programm zu einem Programm? Wir wissen zum Beispiel, dass wir viele Glaubenssätze von unseren Eltern oder anderen nahestehenden Menschen übernommen haben. Entweder dadurch, dass sie uns immer wieder gesagt wurden oder dadurch, dass wir ihre Wirkung live miterlebt haben. Wenn die Eltern beispielsweise immer der Überzeugung waren, dass Glück etwas ist, das man sich erkämpfen muss, so hat man beobachtet, wie die Eltern immer um das Glück kämpften und hat damit die Wirkung ihrer Überzeugung miterlebt. Denn natürlich haben die Eltern genau das angezogen, woran sie glaubten. So wurde man mit dieser Überzeugung groß und sie speicherte sich schleichend und heimlich ein. Andere Überzeugungen entstanden vielleicht durch einschneidende Erlebnisse. Durch Traumata zum Beispiel. Und wieder andere speicherten sich in uns ein, während wir immer wieder dieselben Erfahrungen machten. Unsere Überzeugungen sind also durch das *Erleben* entstanden. Wir haben etwas erlebt, es wahrgenommen, gesehen, gehört, gefühlt und es tief in uns abgespeichert. Das ist ganz normal. Denn als Kinder speichern wir so gut wie alles ab, was wir erleben. Das tun wir automatisch. Wir lernen, wie die Welt funktioniert, um in ihr bestehen zu können.

Dass viele dieser gespeicherten Programme Mist sind, erfahren wir meist erst viel später. Nämlich dann, wenn die Glaubenssätze schon fest verankert sind und uns das Leben schon reichlich schwer gemacht haben. Aber diese

Glaubenssätze lassen sich ändern. Und zwar genauso, wie sie entstanden sind. Durch das Erleben.

Unser Glück ist, dass wir nicht unbedingt äußere Ereignisse brauchen, um etwas erleben zu können. Wir können alles, was wir wollen, auch in unserer Fantasie erleben. Und es hat denselben Effekt. Denn unser Gehirn kann nicht zwischen Fantasie und Realität unterscheiden. (Das liegt wahrscheinlich daran, dass die Realität in Wirklichkeit nur unser Spiegelbild ist und sich Fantasie und Realität nicht nur ähnlich anfühlen, sondern tatsächlich eins sind.) Etwas, das wir in unserer Fantasie erleben, fühlt sich für das Gehirn genauso real an, wie die Wirklichkeit. Es schüttet dieselben Glückshormone aus, wenn wir in der Fantasie verliebt sind und es reagiert mit einem schnelleren Herzschlag, wenn wir in der Fantasie rennen. Es ist sogar erwiesen, dass sich Muskeln allein durch die Fantasie aufbauen lassen, wenn man sich vorstellt und in der Fantasie *erlebt*, wie man trainiert.

Zwischen Fantasie und Realität gibt es tatsächlich keinen Unterschied. Wir können also die Fantasie nutzen, um uns neue Glaubenssätze einzuprogrammieren. Durch das innere Erleben. Dabei ist es wichtig zu wissen, dass ein Erlebnis dann am intensivsten wirkt, wenn es mit starken Gefühlen behaftet ist.

Mit diesen emotionalen, inneren Erlebnissen kann man sich jeden Glaubenssatz einprogrammieren. Man kann sich auch in einen Glückspilz verwandeln, dem das Glück wie von allein zufliegt. Natürlich wirkt eine solche Programmierung dann am schnellsten und effektivsten, wenn man sie absichtslos und ohne Kampf vollzieht – so, wie es auch mit allem anderen ist. Programmierungen bilden da keine Ausnahme. Ein neues Programm sollte parallel zu dem alten Programm entstehen – ohne das alte Programm bekämpfen, verändern, löschen oder verdrängen zu wollen. Und es sollte absichtslos und mit Spaß programmiert werden. Dann erzielt man die effektivste Wirkung.

Wenn du jetzt und hier Glück in dir programmieren willst, dann findest du auf den nächsten Seiten ein kleines Euphoria-Spiel dazu. Spiele es durch und wiederhole das Spiel so lange, bis du das Gefühl hast, das Programm fest in dir gespeichert zu haben. Aber stelle sicher, dass es nicht zu einer lästigen Arbeit wird. Genieße es und habe den größten Spaß dabei!

Fülle zunächst das Arbeitsblatt aus. Du wirst dort gefragt, was Glück für dich bedeutet. Es ist wichtig, dass du ganz ehrlich mit dir bist. Was ist Glück für dich? Was bedeutet es für dich ein Glückspilz zu sein? Was würde dann in deinem Leben passieren? Wer wärst du dann? Und *wie* wärst du? Was würde in deinem Leben anders laufen, als jetzt? Wie würden sich Situationen entwickeln und Ereignisse ablaufen? Würden sich zwischenmenschliche Beziehungen für dich verändern? Wie würde dein Alltag aussehen? Und was wäre mit deinen Zielen und Wünschen? Würdest du sie noch jagen oder sie einfach *geschehen lassen*? Wie wäre deine innere Haltung dem Leben, dir selbst und der Welt gegenüber? Gäbe es noch Anstrengung in deinem Leben?

Versuche ganz genau zu überlegen, was es für dich

bedeutet, ein Glückspilz zu sein. Du wirst diese Vorstellung für dein neues Programm brauchen.

Was bedeutet es für dich, ein Glückspilz zu sein?

Um ein Programm in dir einzuspeichern, das genau das beinhaltet, was du aufgeschrieben hast, brauchst du nun nichts weiter zu tun, als genau *das* zu erleben. Stell dir eine parallele Realität vor, in der du das Glück genau so erlebst, wie du es dir vorstellst. Versuche dabei nicht, die Realität zu verändern, sondern tue es aus Spaß an der Freude. Genieße diesen Trip in die neue Realität und fühle dich so intensiv in diese Erlebnisse hinein, wie du kannst. Die Gefühle sind dabei sehr wichtig. Sie sind es, die letztlich das Programm in dir einbrennen. Deshalb: Fühle so stark wie du kannst!

Ein Tipp:

Zum Programmieren nutze ich gern die »Hammer-Methode«, die sich ein sehr starkes und effektives Gefühl zunutze macht: Das Gefühl der Überraschung! Diese Methode ist gut für Menschen geeignet, die sich schnell in Gefühle hineinversetzen und sich vor allem in sie hineinsteigern können.

Programme entstehen oft durch sehr einschneidende Erlebnisse und heftige Emotionen. Dies kann man sich zunutze machen, um nun ein neues Programm in sich zu speichern. Um das zu tun, überlegt man sich Situationen, die einen ultimativen Beweis für das neue Programm darstellen. Um beim Thema Glück zu bleiben, wären das Situationen, die uns ganz deutlich das Gefühl geben würden, ein Glückspilz zu sein. Zum Beispiel, wenn sich die Gewinne bei Glücksspielen häufen oder man aus allen Richtungen Dinge geschenkt bekommt usw. Natürlich wäre das ein ungewohntes Gefühl und man wäre zunächst völlig erschrocken über diese Situationen, da sie ja so gar nicht dem alten Glaubenssatz entsprechen. Aber genau **das** soll mit der Hammer-Methode erreicht werden. Die Überraschung!

Man erlebt plötzlich (in seiner Fantasie) das absolute Gegenteil seiner Überzeugung und ist zu Recht überrascht. *Was passiert hier plötzlich? Warum geschieht auf einmal nur noch Glück? Was ist hier los? Habe ich vielleicht Unrecht gehabt? Bin ich in Wirklichkeit gar kein Pechvogel?*

In diesem Moment der Überraschung beginnt bereits die Umprogrammierung. Das Unterbewusstsein registriert, dass es offensichtlich einen Fehler im System gibt, denn das Gefühl der Überraschung signalisiert: Es passiert etwas Neues!!

Und wenn etwas Neues passiert, ist das Unterbewusstsein und auch das Gehirn sofort auf »Lernmodus« geschaltet. Gehirn und Unterbewusstsein sind darauf programmiert sich immer weiterzuentwickeln, um uns das Leben zu erleichtern. Wenn man etwas Neues erlebt, das ein Gefühl des Staunens und der Überraschung in uns auslöst, werden alle Informationen, die mit diesem Gefühl in Zusammenhang stehen wie von einem Schwamm aufgesaugt und verarbeitet.

Unterbewusstsein und Gehirn stellen fest, dass das System offensichtlich veraltet ist und schleunigst umprogrammiert werden muss. Das Gehirn saugt alle visuellen Eindrücke auf, während das Unterbewusstsein sich die Gefühle vornimmt. Beides wird zu einem Programm verarbeitet und installiert.

Und je heftiger die Emotionen sind (also die Überraschung und das Staunen), umso schneller findet diese Installation statt. Und dann setzt man noch einen drauf: Man ist nicht nur überrascht, man ist total aus dem Häuschen!! Man steigert sich also in dieses Gefühl der Überraschung hinein, flippt regelrecht aus und sagt sich: »Oh mein Gott! Ich bin ein Glückspilz! Ich bin tatsächlich ein Glückspilz! Ich fasse es nicht!!«

Wenn du das jetzt liest und nicht in diesem Gefühl drinsteckst, kommt dir das wie Spinnerei vor und es fühlt sich wie eine Lüge an. Deshalb ist es wichtig, sich zuvor wirklich in diese Situation hineinzuversetzen, sie so real wie möglich zu spüren. Erst dann kann man sich in die Gefühle, die eine solche Situation auslöst, hineinsteigern.

Wenn man das geschafft hat, verleiht man diesen Gefühlen allen möglichen Ausdruck. Wenn man sich erst mal so richtig hineingesteigert hat, sucht man sich also einen Weg, diese Gefühle auszudrücken – sie herauszulassen. Ob durch Worte, durch tanzen, hüpfen und springen, durch singen, durch schreiben ins Tagebuch, durch Kunst, durch lachen, durch feiern oder was auch immer. Finde einen Weg, wie du diese heftigen Gefühle aus dir herauslassen kannst. Lass sie in einem Gemälde explodieren, dichte sie dir in einem Lied zusammen, tanze durch deine Wohnung/dein Haus und rufe dabei immer wieder, wie glücklich du bist und wie *überrascht*! Oder schreibe deine Gefühle auf. Schreibe dir selbst einen Brief, in dem du dir klarmachst, was gerade passiert ist. Es ist etwas Unglaubliches passiert! Nämlich genau das Gegenteil deiner alten Überzeugung!

Und während du schreibst, bleibe in diesem Gefühl des Erstauntseins, der Freude, der Kraft und Euphorie. Lache, weine, schüttle fassungslos den Kopf. Verleihe all deinen Gefühlen Ausdruck. Und verleihe ihnen so lange Ausdruck, wie du kannst, denn das hält den Fokus permanent auf die neue Situation gerichtet. Je länger der Fokus darauf gerichtet bleibt und je stärker die Gefühle dabei sind, umso wichtiger erscheint das Erlebnis dem Unterbewusstsein und dem Gehirn. Und umso schneller wird ein neues Programm erschaffen.

Diese Methode kannst du bei jedem beliebigen Programm anwenden. Sie wirkt sehr schnell. Jedoch nur dann, wenn es wirklich nur aus Spaß geschieht und ohne Kampf. Ich habe gemerkt, dass man sich durch dieses Spiel sehr rasch verwandelt. Als ich es zum ersten Mal ausprobiert habe, veränderte sich mein Verhalten noch am selben Tag. Ich habe es bei einem Glaubenssatz angewendet, der mir mein Leben lang immer wieder dieselben Situationen lieferte. Irgendwann hatte es mir einfach gereicht und ich fing an, mein »Power-Euphoria«-Spiel (siehe »Euphoria – Das Spiel«) anzuwenden, weil mich diese Situation einfach genervt hatte und ich endlich mal das Gegenteil davon erleben wollte. Während ich spielte, entstand in mir das Gefühl der Überraschung. Denn ich erlebte ja genau das Gegenteil von dem, was sich in meiner Realität immer wieder gezeigt hatte. Und es fühlte sich so gut an, dass ich mich erst mal schön in dieses Gefühl hineinsteigerte und es richtig auskostete. Um es weiterhin aufrechtzuerhalten, schrieb ich ein Gedicht darüber, malte meine Gefühle auf, tanzte durch die

Wohnung und sang Lieder darüber. Ich tat alles, um das Gefühl weiterhin in mir zu spüren. Dieses Spiel dauerte Stunden an. Und danach war ich so high vor Glück, dass mir der restliche Tag fast genauso viel Spaß machte. Am Abend merkte ich dann, dass irgendetwas in mir geschehen war. Es hatte sich etwas verändert. In einem Gespräch mit einem Bekannten, der mich auf genau das Thema ansprach, das sich in meinem Leben immer wieder gezeigt hatte, reagierte ich nicht so, wie ich sonst immer reagierte. Ich musste lachen! Weil sich das, was er sagte, wie eine Lüge für mich anfühlte. In mir kam sofort das Gefühl hoch: *Was erzählt er denn da für Sachen?* Es klang völlig absurd, obwohl es mein Leben lang zu meiner Realität gehört hatte.

In dem Moment erkannte ich, dass mein Spiel gewirkt hatte. Es hatte mich und meinen Glauben verändert! Innerhalb von Stunden. Ich beließ es aber nicht dabei und spielte in regelmäßigen Abständen immer wieder auf genau dieselbe Weise. Jedoch nicht mehr so lange, sondern immer mal wieder eine halbe Stunde. Und mit jedem Mal verflüchtigte sich das Gefühl der Überraschung immer mehr. Denn der neue Glaubenssatz wurde langsam zur Normalität. Und wenn etwas normal wird, überrascht es einen nicht mehr.

Natürlich wurden die Situationen, die mir den alten Glaubenssatz in der Realität immer wieder gespiegelt hatten immer seltener. Und bald verschwanden sie ganz. Stattdessen erlebte ich genau das Gegenteil. Und dann war mir klar, dass der neue Glaubenssatz verankert war.

So wurde dieses Spiel zu einer Programmiermethode, die

mir wie ein »Hammer« erschien, weil ich mir damit das neue Programm sozusagen einge«hämmert« hatte. Und es ist nicht nur sehr wirksam, sondern macht auch richtig Spaß! Versuche es mal. Schreibe dir auf der nächsten Seite auf, wie sich diese Überraschung für dich anfühlen würde, wenn genau das Gegenteil deines Glaubenssatzes geschehen würde. Und steigere dich in dieses Gefühl richtig hinein. Beschreibe es dir. Wie fühlt es sich an? Wo in deinem Körper spürst du es? Was geschieht mit dir, wenn du es fühlst?

Und dann verleihe diesem Gefühl auf irgendeine Art und Weise Ausdruck. Lasse es hinaus. Manifestiere es durch Kunst, Tanz, Gesang oder einfach durch Genuss, durch Lachen oder in Form von Worten. Bringe das Gefühl irgendwie nach draußen und beschäftige dich damit. Bade darin und genieße es so lange du nur kannst.

Wie fühlt sich die Überraschung an, wenn du das Gegenteil deines Glaubenssatzes erlebst?

Reichtum erschaffen

Wenn der Geldfluss stockt und einem im Leben immer wieder Armut gespiegelt wird, ist es sehr gut möglich, dass auch hier ein Glaubenssatz sitzt, der die Fäden zieht. Um herauszufinden, was für ein Glaubenssatz das ist, gibt es mehrere Möglichkeiten. Man kann sich beispielsweise einmal Gedanken darüber machen, was man über Geld und Reichtum denkt. Welche Meinung haben wir darüber? Glauben wir, dass Geld schmutzig ist? Dass es unglücklich macht? Oder vielleicht, dass man sich Geld erkämpfen muss oder es nicht einfach so annehmen darf? Was denkst du über Geld?

Wenn du nicht genau weißt, was du über Geld und Reichtum denkst, dann ist es oft hilfreich, sich einmal anzusehen, was die Familie über dieses Thema denkt. Denn vermutlich hat man den Glauben der Familie oder anderer nahestehender Personen übernommen.

Eine andere Möglichkeit herauszufinden, welcher Glaubenssatz über Geld in einem verankert liegt, bietet sich durch das Visualisieren an. Dazu stellt man sich einfach vor, grenzenlos reich zu sein und sagt sich verschiedene Dinge, wie: »Ich bin reich! Ich liebe Geld! Ich verdiene es, reich zu sein. Geld fließt mir von ganz allein zu. Ich darf Geld annehmen. Ich darf reich sein. Ich darf in Geld schwimmen.«

Wenn bei einer dieser Aussagen, oder vielleicht schon bei der Visualisierung reich zu sein, ein Widerstand in dir entsteht, hast du den Glaubenssatz entdeckt. Dann kannst du ihn, wie im vorherigen Kapitel beschrieben, umprogrammieren und dabei richtig Spaß haben.

Beim Thema Reichtum ist es aber auch wichtig, Reichtum tatsächlich zu fühlen. Nicht nur in den Visualisierungen, sondern auch im Alltag. Meistens ist es ja so, dass wir uns über das beklagen, was wir nicht haben und dadurch eher Mangel spüren. Wir fühlen uns zwar vielleicht reich, wenn wir visualisieren, aber wenn wir dann in die Realität zurückkehren, bekommen wir die ganze Bandbreite des Mangels zu spüren. Um das zu ändern und auch im Alltag Reichtum zu spüren, muss man nur seinen Blickwinkel neu ausrichten.

Schau dich einmal um und mache dir die Welt und Realität, in der du lebst, ganz bewusst. Da ist unendlich viel Luft um dich herum, die du atmen kannst. So viel Luft, dass sie für alle Lebewesen auf diesem Planeten reicht. Das ist Fülle. Reichtum. Dann ist da die Vielfalt der Natur, die sich selbst ganz ohne Anstrengung vermehrt und den Menschen alles gibt, was sie zum Leben brauchen. Fülle. Du hast einen Platz, wo du wohnen kannst, du hast vermutlich einen Fernseher und du hast Internet. Fülle. Wenn du durch die Stadt läufst, siehst du zig Geschäfte mit unzähligen Artikeln, die zum Verkauf angeboten werden. So viele Artikel, dass sie die Menschen gar nicht verbrauchen können. Fülle. Überfluss. Und es wird jeden Tag mehr davon hergestellt. Mehr Autos, mehr Fahrräder, mehr Kleidung, mehr Bücher, mehr Musik, mehr Filme, mehr Spielzeug, mehr, mehr, mehr ... Die Menschen erschaffen immer mehr Fülle auf der Welt, haben immer neue Ideen, mit denen sie die Welt bereichern. Und es gibt noch etwas, wovon es mehr als reichlich auf der Welt gibt. Geld. Es ist überall. In den Portemonnaies der Menschen, an denen du vorbeiläufst, auf ihren Konten, in den Firmen und Betrieben, in den Geschäften, im Kino, im Theater, ... es ist einfach überall. Und du kannst es in allem entdecken, was damit getauscht wurde. Du kannst es in den Autos entdecken, die an dir vorbeifahren und die mit Hilfe von Geld hergestellt und gekauft wurden. Du kannst es in den Gebäuden entdecken, die mit Hilfe von Geld gebaut wurden. Du siehst es im gesamten Wirtschaftssystem dieser Welt. Überall fließt Geld. Hin und her. Das ist Fülle.

Die Krux ist: Deinen Fokus nicht darauf zu richten, dass nicht genug von alldem in *deinem* Leben ist, sondern darauf, wie viel davon *auf der Welt* existiert! Sieh dir die ganze Fülle einmal an, *ohne* sie dir zu wünschen. Staune einfach darüber. Betrachte sie und mache sie dir ganz bewusst. Wenn wir uns klarmachen, wie reich diese Welt eigentlich ist, in der wir hier leben, und wie viel Reichtum ständig um uns herum fließt, macht sich rasch ein Gefühl von Überfluss breit.

Und es geht noch weiter. Es gibt noch viel mehr Reichtum in deinem Leben. Sieh dich an! In dir stecken bereits grenzenlose Reichtümer! Ich bin mir sicher, dass du zum Beispiel reich an Erfahrungen bist und auch reich an Liebe. Du hast einen unermesslichen Reichtum an Gedanken in dir. Du bist reich an Fantasie und Gefühl. Und du bist auch reich an Selbstliebe. Denn sonst würdest du solche Bücher nicht lesen, um glücklich zu werden. Allein der Wunsch glücklich zu sein beweist, dass du dich liebst. Und zwar nicht nur ein bisschen, sondern sehr. Du hast mehr innere Reichtümer, als dir vermutlich bewusst ist. Vielleicht bist du noch reich an Freunden, reich an Talenten, reich an Lebenslust, reich an Mut, reich an Verständnis, reich an Mitgefühl.

Mach dir einmal wirklich bewusst, wie viel Reichtum du in dir hast. Was hast du im Überfluss? Auf der nächsten Seite hast du Platz, um dir all deine inneren Reichtümer aufzuschreiben. Überlege und suche so lange, bis du alle deine Reichtümer aufgedeckt hast.

Bei dieser Übung geht es darum, vom Mangeldenken wegzukommen und Reichtum zu spüren. Reichtum äußert sich nicht nur in Geld, sondern in vielen Bereichen des Lebens. Wenn wir erst einmal überall Reichtum sehen und spüren, wird der finanzielle Reichtum auch nicht lange auf sich warten lassen.

Lerne das Gefühl des Reichtums kennen, indem du den Reichtum überall um dich herum und auch in dir selbst siehst. Mache daraus ein Spiel und suche in deinem Leben überall den Reichtum. Schenke dem Mangel keine Beachtung mehr, sondern konzentriere dich nur noch auf die Fülle. Das wird deinen Fokus und deinen Seinszustand sehr schnell ändern.

Welche inneren Reichtümer hast du in dir?

Um Reichtum und Fülle auch wirklich erschaffen zu können, ist es wichtig, die Armut und den Mangel nicht mehr abzulehnen. Man kann nichts erschaffen, dessen Gegenteil man noch bekämpft. Bei allem, was du erschaffen willst, akzeptiere zuerst das Gegenteil. Das ist sehr wichtig. Denn Kampf bedeutet Fokus. Lehnst du den Mangel ab, ist dein Fokus permanent darauf gerichtet. (Ausführliche Erklärungen dazu findest du im Buch »Euphoria – Das Spiel«)

Mache dir als nächstes bewusst, was Reichtum für dich bedeutet. Denke gründlich darüber nach. Was ist Reichtum für dich? Wie äußert er sich? Was bedeutet es, reich und wohlhabend zu sein? Wie sieht das aus? In welchen Lebensbereichen bekommt man Reichtum zu spüren? Was bedeutet Reichtum für dich? Schreibe dir alles auf. Du kannst für diese Übung das nachfolgende Blatt verwenden:

Was bedeutet Reichtum für dich?

Nun, da du weißt, was es für dich bedeutet reich und wohlhabend zu sein, kannst du diesen Zustand problemlos visualisieren. Nutze dazu wieder eine parallele Realität. Versuche nicht die jetzige Realität zu verändern, sondern habe einfach Spaß in einer anderen, die parallel zu dieser verläuft. Genieße den Reichtum in dieser Welt und male dir alles ganz genau aus. Was ist durch den Reichtum anders? Wie sieht dein Alltag aus? Wie fühlst du dich?

Der letzte Punkt ist der Wichtigste. Je stärker das Gefühl ist, umso stärker ist auch die Wirkung. Intensive Gefühle sind intensive Energien. Versuche also die Gefühle so deutlich wie möglich zu fühlen. Steigere dich richtig hinein.

Das Gute ist: Du kannst diese Gefühle mitnehmen, wenn du wieder in deine alte Realität zurückkehrst. Dort kannst du sie immer wieder ganz grundlos und absichtslos in dir hervorrufen und sie einfach genießen. Je öfter und intensiver du das tust, umso stärker ist die Wirkung auf die Realität.

Vergiss aber bei allem, was du tust, niemals den Spaß und die Freude. Denn letztendlich ist es dein Seinszustand, der die Realität verändert. Und wenn du den Spaß vergisst und alles zu einer lästigen Arbeit wird, ist es das, was du in der Realität sehen wirst.

Liebe und Partnerschaft erschaffen

Die wichtigste und innigste Beziehung, die du je zu jemandem haben wirst, ist die Beziehung zu dir selbst. Mit dir bist du ununterbrochen zusammen. Tag und Nacht. In jeder Sekunde deines Lebens.

Die Beziehung, die du zu dir selbst pflegst, ist auch die Beziehung, die dir im Außen gespiegelt wird. Auch hier erlebt man das in der Realität, was man **ist**. Welche Meinung hast du von dir selbst? Wie viel Achtung, Wertschätzung und Respekt bringst du dir selbst entgegen? Wie gehst du mit dir um?

Bevor man sich eine Partnerschaft manifestieren kann, die einem all das gibt, was einem fehlt, wie Liebe, Respekt, Toleranz, Aufmerksamkeit, Zärtlichkeit, Wertschätzung usw., sollte man zuerst damit anfangen, sich all diese Dinge selbst zu schenken. Ein Mensch, der sich selbst nicht wertschätzen kann, wird auch von außen keine Wertschätzung bekommen. Besonders in Partnerschaften spiegelt man sich selbst sehr deutlich. Der Partner ist nicht nur der Mensch, sondern auch der Spiegel, der einem am nächsten steht. Ob es nun die Meinung über sich selbst ist, die gespiegelt wird oder die allgemeine Meinung über Männer bzw. Frauen oder Beziehungen im Allgemeinen. Im Partner erkennen wir uns selbst sehr deutlich wieder. Eine harmonische Partnerschaft ist dann gegeben, wenn man sich im Partner spiegeln kann, ohne sich bzw. den Spiegel (den Partner) zu bekämpfen und umgekehrt. Wenn sich beide im Anderen selbst erkennen können und sich gemeinsam weiterentwickeln. Macht einer bei diesem Spiel nicht mit, sind oft Reibungen und Unzufriedenheit vorprogrammiert. Jedoch muss es dann nicht zwangsläufig zu Ende gehen. Es kann trotzdem harmonisch bleiben, wenn einer von beiden der ausgleichende Pol ist und hinter die Kulissen blicken kann. Wenn jedoch keiner von beiden die Projektionen sieht, wird die Beziehung zu einem Kampf. Die gespiegelten Anteile prallen aufeinander, man bekämpft sie im Gegenüber und die letzte Konsequenz ist die Trennung. Es kann jedoch auch passieren, dass man sich freiwillig trennt, wenn man sich der Projektionen bewusst ist, sich daraus weiterentwickelt und letzten Endes merkt, dass es nicht mehr passt. So oder so, Partnerschaften sind richtige Selbsterkennungs- und Entwicklungsbooster. Man lernt und erkennt viel über sich selbst im Anderen und man hat immer die Wahl, ob man etwas an sich und/oder an der Partnerschaft verändern will oder ob man alles so lassen möchte, wie es ist. Und hier muss man sich einfach nur die Frage stellen: »Bin ich glücklich in meiner Partnerschaft?«

Wenn die Antwort »Nein« ist, dann ist es höchste Zeit, etwas zu tun.

Auch das Thema Partnerschaft lässt sich mit Euphoria betrachten, leben und ändern. Eine harmonische, glückliche Beziehung lebt man, wenn man weder im Partner als Spiegel noch in sich selbst etwas bekämpft. Hier kommt die erste

Euphoria-Spielregel zum Tragen: Akzeptanz / nicht kämpfen! Wenn man im Partner die eigene Projektion erkennt, sie annimmt, akzeptiert und als Entwicklungschance sieht, gibt es keinen Anlass für Reibungen. Schön wäre es auch, wenn man mit dem Partner darüber sprechen kann.

Die zweite Euphoria-Spielregel, die Absichtslosigkeit, betrifft unter Anderem die Manipulationen, welche in Beziehungen oft eine große Rolle spielen. Beispielsweise das bewusste Auslösen von Schuldgefühlen im Partner, um ihn zu einer bestimmten Handlung zu bewegen, die einem gefällt. Aber die Absichtslosigkeit lässt sich auch im partnerschaftlichen Alltag betrachten, in dem man nicht beabsichtigt eine glückliche Beziehung zu führen, sondern es **tut**.

Die dritte Spielregel ist die schönste und spaßigste. Denn bei ihr konzentriert man sich auf all die Glücksgefühle, die der Partner in einem hervorruft und auch auf all das, was man am Partner liebt und schätzt.

Alle drei Regeln zusammen führen zu einer harmonischen und glücklichen Partnerschaft oder können eine solche selbstverständlich nach dem Gesetz der Anziehung auch erschaffen. Die Spielregeln kann man in diesem Bereich genauso einsetzen, wie in jedem anderen Bereich.

Miriam, Lucys beste Freundin, erlebt in den Euphoria-Romanen in ihren Beziehungen immer dasselbe Schema. Sie wird von ihrem Partner missachtet, links liegen gelassen und letzten Endes durch eine interessantere Frau »ersetzt« und verlassen. Hinter diesem immer wiederkehrenden Schema verbergen sich gleich mehrere Glaubenssätze: »Ich bin es nicht wert, beachtet zu werden«, »ich bin uninteressant/nicht interessant genug«, »ich bin unwichtig«, »ich muss mich anstrengen und interessant *machen*, um Aufmerksamkeit zu bekommen« und »ich muss alles allein schaffen«.

All diese Glaubenssätze haben sich aus verschiedenen Ereignissen und Erlebnissen heraus in ihr entwickelt. Sie ist in einer Familie groß geworden, die sich ununterbrochen bekämpft und streitet, wodurch Miriam kaum Aufmerksamkeit entgegengebracht wurde, da alle immer nur mit Problemen beschäftigt waren. Das löste in ihr den Glauben aus, sie sei unwichtig, nicht beachtenswert und müsse alles allein bewältigen. Außerdem musste sie sich sehr bemühen, um die Aufmerksamkeit ihrer Familie zu erlangen, also strengte sie sich besonders im Bereich Sport sehr an und wurde zu einer Meisterin ihres Fachs, was ihr Bewunderung und Anerkennung einbrachte. Jedoch schien sie nie gut genug zu sein, denn die Aufmerksamkeit hielt nicht lange an. Also bemühte sie sich noch mehr. Aber all ihre Bemühungen nützten nichts, denn sie wurde immer wieder missachtet und links liegen gelassen. So führte es sich auch in ihren Beziehungen fort. So lange, bis sie Hilar begegnete und er in ihr erkannte, was sie unentwegt in die Realität projizierte. Durch seine klare Sicht auf die Dinge und seine durchgehende Akzeptanz, konnten ihre Glaubenssätze in ihm nicht gespiegelt werden und so zerbrach zum ersten Mal der Teufelskreis, in dem sie sich befand. Hilar erklärte ihr, dass sie das, was sie in der Realität immer wieder erlebte, nur in sich selbst ändern konnte und brachte ihr das Spiel der Götter bei. Sie löste ihre Glaubenssätze in der Akzeptanz auf und veränderte sich grundlegend.

An Miriams Beispiel kann man gut erkennen, was alte Glaubenssätze aus der Kindheit mit der Realität anstellen können. Doch glücklicherweise kann man jeden Glaubenssatz ändern (siehe Kapitel »Glück erschaffen«). Es ist sehr hilfreich, sich bewusst zu machen, welche Glaubenssätze man in Bezug auf zwischenmenschliche Beziehungen hat, um sie umprogrammieren zu können. Man erkennt sie sehr häufig in Situationen, die einem immer wieder begegnen, in Verhaltensweisen von Partnern, die sich nie ändern, selbst wenn man den Partner wechselt und in Gefühlen und Gedanken, die sich immer wiederholen, wie eine alte Schallplatte, die nicht aufhört ihre alte Melodie abzuspielen. Schreibe dir auf den folgenden Seiten auf, was du im allgemeinen über Beziehungen, Partner und über dich selbst denkst und glaubst und was dir immer wieder in Beziehungen begegnet bzw. passiert. Sollte es, wie bei Miriam, unglückliche Glaubenssätze in dir geben, programmiere sie spielerisch mit Euphoria um. Es passiert häufig, dass man sich durch solche Umprogrammierungen grundlegend verändert und man hinterher nicht mehr die Person ist, die der Partner kennt und vielleicht auch braucht, um sich selbst spiegeln zu können. Im besten Fall wandelt sich der Partner und die Beziehung ebenfalls, jedoch kann es auch passieren, dass sich die Wege trennen. Dem sollte man jedoch nicht hinterher trauern, denn man hat durch diese Veränderung einen großen Schritt auf sich selbst zu gemacht. Und die Beziehung zu sich selbst ist und bleibt die wichtigste, auch wenn einem der Partner oft wichtiger erscheint. Doch in Wirklichkeit ist er nur ein Spiegelbild deiner Beziehung zu dir selbst. Durch den Partner wird diese Beziehung erlebbar, so wie das Sein durch die Realität erlebbar wird.

Was glaubst du über Beziehungen, Partner und dich selbst?

Was erlebst du in zwischenmenschlichen Beziehungen immer wieder?

Akzeptiere alles, was du dir aufgeschrieben hast und nimm es an, damit es sich auflösen kann. Dann finde die Gegenteile deiner Glaubenssätze und programmiere sie dir durch emotionale Erlebnisse in deiner Fantasie ein. Stück für Stück werden die alten Glaubenssätze dann schwächer werden und an ihre Stelle werden die neuen treten. Es geschieht völlig kampflos und absichtslos und funktioniert am schnellsten, wenn intensive Gefühle mit eingebunden sind.

Die neuen Glaubenssätze verändern dein Denken und Handeln, so dass du eine ganz neue Beziehung zu dir selbst aufbauen wirst. Du wirst dich selbst akzeptieren, tolerieren, für wichtig und wertvoll erachten, dir selbst Respekt und Achtung entgegen bringen, dich lieben und schätzen, auf dich aufpassen und dich gut behandeln und dir selbst einfach der perfekte Partner sein.

In Beziehungen, wie auch im Leben, ist es wichtig, die Dinge, die man sich wünscht, nicht von außen zu erwarten oder zu verlangen, sondern es freiwillig zu einem kommen zu lassen. Kein Partner schenkt gern Aufmerksamkeit, wenn er sich dazu gezwungen fühlt. Er tut es erst gern, wenn er es freiwillig tun kann. Gib dir deswegen alles, was du dir wünschst, selbst freiwillig. Tue dir grundlos und absichtslos etwas Gutes, verwöhne dich, respektiere und achte dich, liebe dich genauso, wie du geliebt werden möchtest. Erwarte nichts, verlange nichts und brauche nichts, sondern lass es dir von deinem Partner freiwillig geben. Wenn er dich liebt, wird er es ohne Unterlass tun, ohne, dass du ihn dazu bringen oder ihn gar manipulieren musst.

Es ist ein großer Unterschied, ob man sagt: »Ich brauche dies und das von dir, tue jenes und dieses und mache das und dies, sonst bin ich unglücklich.«

Oder ob man sagt: »Ich freue mich, wenn du so etwas tust. Es macht mich glücklich, wenn du dies und das machst. Danke!«

Der Unterschied zwischen den beiden Ausdrucksweisen und den Gefühlen dahinter ist: In der einen Version *braucht* man den Partner, um glücklich zu sein. Man macht ihn für das eigene Wohl und Glück verantwortlich. Und in der anderen Version braucht man nichts und wird vom Partner mit Glück reich beschenkt.

Kein Mensch will sich dazu gezwungen fühlen Zuneigung oder Aufmerksamkeit zu schenken. Und niemand möchte für das Glück oder Unglück eines Menschen verantwortlich sein. Das ist ein Druck, den jeden Partner früher oder später das Weite suchen lässt.

Es ist wie im Leben. Wenn wir die Realität anflehen uns Glück zu schenken, weil wir sonst unglücklich sind; wenn wir die Realität für unser Glück verantwortlich machen, geben wir ihr die volle Macht über unser Leben in die Hand und wir werden immer unglücklich sein, weil die Realität nicht das tut, was uns glücklich machen würde. Sind wir aber unabhängig von der Realität glücklich und genießen unser Leben, schenkt sie uns immer mehr Glück. Ganz so, als würde sie uns gern noch glücklicher sehen wollen. Sie gibt uns mehr zum Genießen. Und mehr. Und mehr.

In einer Partnerschaft verhält es sich nicht anders. Wir möchten unseren Partner, den wir lieben, glücklich sehen und so tun wir alles, um Glück in ihm auszulösen. Wir schenken Aufmerksamkeit, Liebe, Verständnis, Toleranz, machen kleine Geschenke, hören zu, behandeln ihn gut und sind auch sonst immer darauf bedacht, dass er sich gut fühlt und glücklich ist. Aber: Wir sind nicht dafür verantwortlich. Wir tun es freiwillig. Weil es uns selbst auch glücklich macht. Erwartet oder verlangt der Partner aber, dass wir all diese Dinge tun, weil er sonst unglücklich ist, fühlen wir uns unter Druck gesetzt und gezwungen. Eine solche Beziehung macht keinen Spaß. Sie macht unglücklich. In jeder Hinsicht. Bald werden wir keine Lust mehr haben, dem Partner irgendetwas zu schenken und entfernen uns von ihm. Vielleicht suchen wir dann jemanden, der das, was wir zu geben haben zu schätzen weiß und es nicht erwartet oder verlangt. Dann geben wir wieder gern. Und wir geben aus vollem Herzen.

So oder so ähnlich laufen viele Beziehungen ab. Sie scheitern daran, dass man sich gegenseitig die Verantwortung für sein Glück zuschiebt. Aber für das eigene Glück ist immer nur ein Mensch verantwortlich: Man selbst.

Wenn man die Beziehung zu sich selbst aufmöbelt und ins Reine bringt, wird man im Außen ganz neue Beziehungen erleben können. Wie innen, so außen. Kein Partner wird je diese Zufriedenheit in uns auslösen können, die wir empfinden, wenn wir mit uns selbst im Reinen sind. Kein Mensch kann für die vollständige Zufriedenheit eines anderen Menschen Sorge tragen. Dafür ist jeder selbst verantwortlich. Wenn wir einem Menschen Liebe geben und er diese Liebe nicht annehmen kann, können wir daran nichts ändern. Es ist *sein* Umgang mit sich selbst und *seine* Verantwortung diesen Umgang zu ändern. Wir können die Art und Weise, wie er mit sich selbst umgeht nicht ändern. Wir können nur geben. Was er daraus macht, liegt an ihm. Und so liegt es auch an uns, unseren Umgang mit uns selbst ins Reine zu bringen. Es ist niemand dafür verantwortlich uns etwas zu geben, was wir glauben zu brauchen, um glücklich zu sein. Dafür tragen nur wir die Verantwortung. Andere Menschen können uns mit ihrer Zuneigung, ihrer Aufmerksamkeit, ihrem Interesse und ihrer Liebe beschenken und wir können all das dankbar annehmen. Betrachten wir jedoch diese Geschenke als Selbstverständlichkeit oder erwarten sie gar, dürfen wir uns nicht wundern, wenn uns nichts mehr davon entgegengebracht wird. Dankbarkeit und Wertschätzung sind im Leben und auch in Beziehungen sehr wichtig. Wer dankbar ist und die Dinge, die er bekommt wertschätzt, bekommt mehr davon.

Auch in Beziehungen ist es nichts weiter, als das Gesetz der Anziehung. Verlange ich etwas, befinde ich mich in einem Mangelzustand und bekomme diesen Mangel im Partner gespiegelt. Früher oder später. Bin ich glücklich und erfüllt, weil ich mir alles, was ich brauche, selbst schenke, schenkt mir der Partner noch mehr davon. Hier findet man die Absichtslosigkeit. Verfolge nicht die Absicht, eine glückliche Beziehung zu erschaffen, sondern **sei** die glückliche Beziehung.

Selbst die Beziehung zu sein und sich selbst das zu geben, was man sich wünscht, ist nicht schwer. Tue jeden Tag etwas für dich, das du dir von deinem Partner wünschen würdest. Sei dir selbst deine Traumfrau/dein Traummann. Schenke dir Blumen, mache dir Kerzen an, lobe dich, schenke dir Aufmerksamkeit, Anerkennung, Wertschätzung und Zuneigung, bewundere dich, nimm dich selbst einmal in den Arm und tröste dich, streichle dir über die Hand und sage dir, wie liebenswert du bist, mache dir Mut, schenke dir Kraft und Motivation, sei einfach für dich da. Mache dich selbst glücklich und liebe dich! Liebe dich so innig, wie man jemanden nur lieben kann. Dann wird es dir dein Partner nachmachen oder du wirst jemanden finden, der es tut.

Und zum Schluss die dritte Spielregel: Die Glücksgefühle! Sich auf die Glücksgefühle zu konzentrieren, die ein Mensch in uns auslöst und darauf, was wir an diesem Menschen schätzen und lieben, pusht jede Beziehung und lässt wieder die Schmetterlinge im Bauch tanzen, die wir alle kennen. Außerdem wird durch diesen Fokus all das, was wir lieben und schätzen vermehrt.

Sage deinem Partner einmal (und falls du keinen hast, stelle dir vor, du hättest einen), was du besonders gern an ihm magst. Ist es die Art, wie er spricht, seine Art, sich zu bewegen, sein Lächeln, sein Wesen, besondere Charakterzüge, kleine Macken, bestimmte Körperstellen, gewisse Verhaltensweisen? Suche nach den Dingen, die du magst und bringe ihnen Wertschätzung entgegen. Tue das jeden Tag. Du musst es ihm nicht immerzu sagen, aber du kannst es dir selbst immer wieder bewusst machen. Schreibe es dir auf, rufe es dir in Erinnerung, fühle noch einmal die Wertschätzung, die Bewunderung, die Liebe. Konzentriere dich einfach darauf und genieße es. Schreibe auf der folgenden Seite eine Liste all der Dinge, die du an deinem Partner schätzt und liebst. Wenn du keinen Partner hast, schreibe auf, was du an einem Partner schätzen und lieben *würdest*. Und genieße es auf dieselbe Art und Weise, als wäre dieser Partner bereits in deinem Leben.

Was schätzt/liebst du an deinem Partner?
Was würdest du an einem Partner schätzen/lieben?

Als nächstes konzentriere dich auf deine Glücksgefühle. Welche positiven Gefühle löst dein Partner in dir aus? Was spürst du, wenn er dir ein Geschenk macht, wenn er dich im Arm hält, dich streichelt, für dich da ist, dir zuhört usw. Was empfindest du dabei? Fühlst du Dankbarkeit? Wertschätzung? Zuneigung, Vertrauen, Geborgenheit, Liebe? Auch hier spielt es keine Rolle, ob du einen Partner hast oder nicht. Auch, wenn du allein bist, kannst du dir vorstellen, welche Gefühle ein Partner in dir auslösen würde, wenn er all diese Dinge tun würde. Nutze die nächste Seite, um dir diese Gefühle bewusst zu machen. Was für Glücksgefühle löst dein Partner in dir aus?

Welche Glücksgefühle löst dein Partner in dir aus, bzw. *würde* er in dir auslösen?

Der Grundstein, um eine glückliche Partnerschaft zu erschaffen, liegt, wie bei allem anderen, in uns selbst. Man erschafft bzw. zieht an, was man **ist**. Lebt man bereits in einer glücklichen Partnerschaft mit sich selbst, manifestiert sich diese Partnerschaft im Außen. Die höchste Priorität hat also auch hier die innere Realität. Das Außen ist nur das Spiegelbild dessen, was wir **sind**.

Dem Herzen folgen und den inneren Gott finden

Mit Lumenia, der fremden Welt aus den Euphoria-Romanen, wollte ich eine Welt erschaffen, in der die Menschen ihrer wahren Natur gemäß leben. In Band 4 und 5 erfährt Lucy immer mehr über die Lebensweise der Lumenier und entdeckt, dass jeder einzelne von ihnen nicht nur seinem Herzen folgt, sondern sein volles Potential auslebt und somit seinen göttlichen Kern ganz und gar entfaltet.

Jeder Mensch hat bestimmte Talente, Gaben, Hobbys, Interessen und Leidenschaften, die er mit auf die Welt bringt und die auf ganz einzigartige Weise mit der Persönlichkeit eines jeden Menschen verknüpft sind. Das macht dich und mich und jeden anderen Menschen auf der Welt zu einer einzigartigen, niemals dagewesenen und auch niemals wiederkehrenden Schöpfung. Kein Mensch wird jemals so sein, wie du es bist. Niemand wird je deine Erfahrungen, deine Geschichte, deine Gefühle und Gedanken und deine Talente und Leidenschaften in genau dieser Weise in sich vereinen, wie du. Du bist einzigartig. So, wie jeder Mensch auf der Welt. Ich finde es immer sehr schade, wenn Menschen versuchen »normal« zu sein. Beziehungsweise so, wie die anderen. Denn damit unterdrücken sie ihren einzigartigen, göttlichen Ausdruck und leben nicht ihrer wahren Natur gemäß. Seiner wahren Natur gemäß zu leben bedeutet, man selbst zu sein – ohne Masken – und seinen einzigartigen, göttlichen Kern zu entfalten. In Lumenia tut das jeder. Sie leben so, wie es sie am glücklichsten macht. So, wie sie **sind**. Sie tun das, was sie lieben und folgen ganz selbstverständlich ihren Herzen.

Ich habe diese Welt auch erschaffen, um ein Beispiel zu geben und um Mut zu machen. Um Menschen dazu zu motivieren, dasselbe zu tun. Denn, es führt unmittelbar zu einem erfüllten Leben, wenn man seinem Herzen folgt. Und es führt gleichzeitig auch zu deinem göttlichen Selbst.

Aber wie folgt man seinem Herzen und wie lebt man seinen göttlichen Kern aus? Das ist ganz einfach. Als Kinder haben wir das intuitiv getan. Man schaut einfach, was die größte Leidenschaft und Freude in einem auslöst und tut es dann. Ohne großartig darüber nachzudenken. Vielleicht hast du schon immer den Klang eines Klaviers geliebt und spürst immer wieder, wie dein Herz aufgeht, wenn jemand Klavier spielt. Folge diesem Gefühl. Suche Wege, wie du diese Liebe ausleben kannst. Vielleicht kannst du Unterricht nehmen oder kennst jemanden, der ein Klavier besitzt, auf dem du spielen kannst. Es ist ganz egal, ob du damit Geld verdienen kannst oder ob die ganze Sache auf irgendeine andere Art nützlich oder unnütz erscheint. Tue es einfach. Dort, wo deine Leidenschaften sind, ist dein Weg. Du wirst von ganz allein zu deiner Erfüllung getragen, wenn du deinem Herzen folgst. Der Verstand, der zu allem, was wir tun eine Meinung hat und es vielleicht albern findet, als Erwachsener noch mit dem Klavierspielen anzufangen, kennt die Wege und Möglichkeiten nicht, die das Universum bzw. unser höheres Selbst sieht. Unser Verstand sieht nur einen begrenzten Ausschnitt der Realität. Der Rest, die 95 %, die dahinter liegen, bleiben ihm verborgen. Zu diesem Teil hat nur unser Herz Zugang, denn es ist direkt mit allem, was ist, verbunden. Wo der Verstand nicht weiter weiß, sieht das Herz unzählige Wege. Wir müssen sie nur gehen.

Wenn wir das tun, finden wir zu uns selbst. Zu unserem persönlichen, göttlichen Ausdruck. Unser ursprüngliches, göttliches Wesen wartet nur darauf, an die Oberfläche kommen zu dürfen. Bei den meisten Menschen lebt es verschlossen hinter einer dicken Metalltür, auf der mit großen Buchstaben das Wort ANGST eingraviert ist. Aber wovor fürchten wir uns? Davor, dass wir – wenn dieses göttliche, einzigartige Wesen erst einmal aus uns herausbricht – nicht so sind, wie die anderen? Dass wir dann Außenseiter sind oder schief angeguckt werden? Dass wir vielleicht als *verrückt* oder *kindisch* bezeichnet werden und nicht mehr dazugehören?

Oder fürchten wir uns vor der Veränderung? Davor, was alles passieren könnte, wenn wir unserem Herzen folgen? Davor, nicht mehr angepasst zu leben, so, wie alle anderen? Oder fürchten wir uns sogar vor dem, was wir *bewirken* könnten? Fürchten wir uns vor unserer eigenen Größe und Macht?

Vielleicht ist es ein bisschen von allem. Wir trauen uns nicht, das zu tun, was unser Herz sagt, weil wir Angst vor den Konsequenzen haben. Aber der Preis, den wir dafür bezahlen, es nicht zu tun, ist ein Leben, das wir nicht wirklich *leben*. Ein Mensch, der niemals seinem Herzen folgt, sondern immer nur das tut, was sein Verstand für richtig hält oder das, was alle anderen für gut oder richtig erachten, lebt nicht, sondern funktioniert nur. Leben geschieht aus dem Herzen heraus. Durch Freude, Spaß und Leidenschaft.

Vielleicht ist es auch mit einem gewissen Risiko verbunden, die Entscheidung zu treffen, seinem Herzen zu folgen. Aber eins ist sicher: Am Ende unseres Lebens, werden wir nicht die Dinge bedauern, die wir getan haben, sondern diejenigen, die wir uns nicht getraut haben. Was haben wir also zu verlieren? Was kann uns schon passieren? Unser Herz wird uns schon nicht ins Unglück stürzen. Denn das ist gar nicht möglich. Der Weg des Herzens führt direkt zum Glück, zur Erfüllung und zu uns selbst. Wir müssen uns nur trauen, ihn zu gehen.

Was ist der Weg deines Herzens?
Was möchte dein Herz?

Das Götterbewusstsein der Lumenier

In den Euphoria-Romanen sind die Lumenier als sehr selbstbewusste, selbstsichere und stolze Menschen dargestellt, mit einem unerschütterlichen Glauben an sich selbst, einem tiefen Vertrauen in ihre Schöpfungskraft und einer sehr starken Selbstliebe. Sie betrachten die Welt, das Leben und sich selbst mit anderen Augen, als zum Beispiel Lucy und Miriam, denn sie sind mit dem Bewusstsein aufgewachsen, dass alles *eins* ist und sie selbst *alles* sind.

In unserer Realität ist es üblich, dass wir uns selbst als von der Welt und den Menschen um uns herum getrennt betrachten. Wir betrachten auch unsere Lebensumstände als von uns getrennt. Die Lumenier hingegen sehen alles als das *ihre* an. Nicht in Form von Besitz, sondern als Teil von sich. Sie betrachten einen Menschen, sehen zwar den einzigartigen Ausdruck, den dieser Mensch verkörpert, aber sie sehen auch sich selbst in ihm. Sie sehen einen Gegenstand, einen Umstand, eine Situation, ein Lebewesen und erkennen sich selbst darin. Weder eine Situation noch einen simplen Gegenstand, wie eine Tasse, nehmen sie als getrennt von sich war. Es gehört alles zu ihrem **Sein**. Deshalb lehnen sie auch nichts ab. Sie bekämpfen nichts, beabsichtigen nichts und leben in einem ständigen Zustand des Glücks. Weil sie keine Trennung empfinden. Alles gehört bereits zu ihnen. Das, was sie in ihrer Realität sehen und wahrnehmen und auch das, was sie noch nicht sehen können und sich vorerst in ihrer Fantasie abspielt. Sie müssen nichts erreichen, weil es bereits zu ihnen gehört. Das ist auch der Grund, warum sie alles so mühelos verändern können. Sie erschaffen Dinge aus dem Nichts heraus und verändern die Realität mit einem Fingerschnippen, weil es für sie keine Trennung gibt. Das ist, als würde man seinen kleinen Finger bewegen. Man tut es ganz mühelos und ohne darüber nachzudenken. Ohne Kampf und nicht einmal mit einer Absicht. Man tut es einfach. Denn der Finger gehört ja zu uns. Er ist ein Teil von uns, also können wir ihn auch ganz selbstverständlich bewegen. Genauso machen es die Lumenier. Alles, was existiert, betrachten sie als Teil von sich. Und sie bewegen es so selbstverständlich wie den kleinen Finger.

Die Lumenier sind ein gutes Beispiel für das Bewusstsein, das alle Menschen anstreben und nach dem sich jeder Mensch sehnt. Das Einheitsbewusstsein, das alle Trennungen auflöst. Der Grund für das Leid auf der Welt und das Leid in unserem Leben, ist einzig und allein das Gefühl der Trennung. Weil wir uns getrennt fühlen, kämpfen wir. Und weil wir kämpfen, entsteht neues Leid.

Wir fühlen uns beispielsweise von den Menschen getrennt, die wir lieben. Nicht körperlich oder räumlich getrennt – sie sind uns ja vielleicht ganz nah – aber getrennt von unserem Selbst. Und deshalb wollen wir sie oft ändern oder ihnen sagen, was sie tun sollen, damit wir uns gut fühlen. Sie sollen uns glücklich machen und nie weggehen, sich nie von uns *trennen*. Wir wollen sie manipulieren und festhalten, als hätten sie etwas, das wir zum leben bräuchten. Wir kämpfen um ihre Aufmerksamkeit, um ihre Gunst, um ihre Liebe und ihre Anerkennung. Und wenn sie nicht so sind, wie wir sie haben wollen, kämpfen wir *gegen* sie.

All das entsteht nur durch das Gefühl der Trennung. In Wirklichkeit gibt es diese Trennung aber nicht. Sie ist nur eine Illusion. Wir sind nicht von den Menschen getrennt, die wir lieben. Sie sind Teil von uns und wir sind Teil von ihnen. Jeder ist ein einzigartiger Ausdruck und ein Individuum, aber jeder ist auch Teil des Anderen.

Ein Lumenier würde einen Menschen nie manipulieren oder ändern wollen, denn er sieht alles, was dieser Mensch sagt und tut, als Teil von sich selbst an. Wenn er etwas anders haben möchte, wird er es bei sich selbst ändern. In seinen Gedanken oder in seinem Verhalten.

Ein krasses Beispiel für das Gegenteil dieses Bewusstseins, ist Taro aus den Euphoria-Romanen. Durch eine (vermeintliche) Trennung von einem geliebten Menschen, fiel er in das Trennungsbewusstsein und nahm plötzlich *alles* als von sich getrennt wahr. Die ganze Welt und auch die Menschen. Und er versuchte diese Welt mit Gewalt zu verändern, um dieses Gefühl der Trennung wieder aufzuheben. Er fiel das erste Mal in seinem Leben in einen Kampf. Obwohl er sich sein Leben lang mit allem verbunden gefühlt hatte und genau wusste, dass es so etwas wie Trennung nicht gab, trieb ihn der Schmerz in eine andere Wahrnehmung. Er war es, der die Geschichte, die in »Euphoria« erzählt wird, erst ins Rollen gebracht hat. Er ist die Handlung und gleichzeitig die Erkenntnis, auf die »Euphoria« abzielt. Die Erkenntnis, dass alles eins ist. Dass es kein Leid gibt, weil es keine Trennung gibt. Es geht zwar in der Geschichte hauptsächlich um Lucy und Nikolas, doch Taro ist die treibende Kraft dahinter.

Aber wie nimmt man sich selbst und die Welt als eins wahr? Wie kann man das Leben so betrachten, wie die Lumenier, wenn man doch in dieser Welt der Trennung groß geworden ist?

Dabei hilft zunächst die Erkenntnis, dass die Realität da draußen nicht wirklich real ist, sondern nur ein Spiegel deiner Selbst. Wenn du dieses Buch betrachtest und erkennst, dass es nur ein Spiegel deines Bewusstseins ist, weil es von mir und auch von *dir* erschaffen worden ist, dann kannst du fühlen, dass die einzige Wirklichkeit, die existiert, **du** bist. Es gibt keine andere. Die Realität da draußen ist nur dazu da, dir die Möglichkeit zu bieten, dein **Sein** erleben zu können. Mit deinem Körper und deinen Sinnen. Für nichts Anderes ist sie da. Sie dient nur dazu, dich erleben lassen zu können, was du **bist**.

Dieses Buch ist also nur entstanden, weil es deinem und auch meinem Sein entspricht. Es ist Wirklichkeit geworden, weil du es mit deinem Sein miterschaffen hast. Gemeinsam mit mir und mit vielen anderen Menschen. Ich schreibe dieses Buch also nicht allein. Du bist ein Teil davon. Sowie jeder andere, der es liest. Weil es zu deinem Sein passt. Es ist ein Spiegel deines Seins. Genauso ist es mit allem Anderen, was du siehst. Es sind Schöpfungen, die aus Bewusstsein entstanden sind. Spiegelbilder des Seins. Und viele

Menschen wirken auf diese Spiegelbilder mit ein. Die ganze Welt ist also das Spiegelbild vieler Individuen. Die Schöpfung einzelner und gleichzeitig das Gesamtbild eines einzigen Bewusstseins, das sich in einzelnen Menschen ausdrückt. Du bist ein Tropfen und gleichzeitig das ganze Meer. Ein Gedanke den du als Tropfen denkst, ist im selben Moment im gesamten Meer präsent. Deshalb kann ein Tropfen auf der ganz anderen Seite des Meeres denselben Gedanken wie du haben. Und vielleicht macht er ein Buch daraus, das dich dann erreicht, weil es mit deinem Gedanken in Resonanz steht. Das Buch war also dann euer beider Schöpfung.

Aus diesem Blickwinkel betrachtet, bekommen Talente, Leidenschaften, Interessen und Hobbys auf einmal eine neue Bedeutung. Vielleicht braucht jemand in diesem Meer des Bewusstseins dein Talent. Vielleicht hat er es gerufen. Vielleicht hat er **dich** gerufen. Oder vielleicht wurdest du von vielen Tropfen in diesem Meer gerufen. Seinem Talent zu folgen, würde dann bedeuten, der Schöpfung zu entsprechen. Der Schöpfung anderer und auch deiner eigenen. Denn du bist mit diesem Meer vereint. Es gibt keine Trennung.

Das ist die Art und Weise, wie die Lumenier ihre Welt betrachten. Sie trennen sich nicht davon und sehen in allem sich selbst. Sie sind in allem und alles ist in ihnen. Kannst du dir vorstellen, wie leicht es mit diesem Bewusstsein ist, das Leben so zu verwandeln, wie es einem gefällt? Ich habe die Welt der Lumenier erschaffen, um dieses Einheitsbewusstsein in eine erlebbare Form zu holen. Mit den Lumeniern sollen die Leser erleben, wie es ist, sich eins mit allem zu fühlen. Und natürlich habe ich es auch geschrieben, um es selbst erleben zu können, um daran zu wachsen und zu lernen.

Das Götterbewusstsein der Lumenier ist nur eine Fantasie weit entfernt und besteht nur aus einem einzigen Satz:

Alles ist **eins** und ich bin **alles**.

Stell dir vor, das Buch, das du in den Händen hältst, bist du. Es ist ein Teil von dir. Erschaffen aus meiner Leidenschaft für das Schreiben und aus deinem Wunsch, es lesen zu wollen. Es ist nicht wirklich real. Denn es ist nur ein Spiegelbild unseres Bewusstsein. Manifestiert in einer Welt, die uns erleben lässt, was wir **sind**. Versuche alles um dich herum so zu betrachten, wie die Lumenier: Als Teil von dir. Das Buch, der Raum, in dem du dich gerade befindest, die Luft, die du atmest, die Geräusche, die du hörst, der Untergrund, auf dem du sitzt, liegst oder stehst. All das gehört zu dir, ist ein Teil von dir. Und auch das, was du dir wünschst, deine Sehnsüchte und Träume, all deine Fantasien sind Teile von dir. Sie gehören bereits zu dir, denn sie waren nie von dir getrennt. Versuche die Trennung aufzuheben, indem du dir immer wieder sagst: *Ich **bin** die Realität. Und mein Körper ist das Instrument, mit dem ich diese Realität erleben kann.* Wenn du dieses Buch berührst, berührst du also in Wirklichkeit **dich**. Wenn du über die Seiten streichelst,

streichelst du dich selbst. Wenn du jemanden anschreist, schreist du dich selbst an. Wenn du wütend auf jemanden bist, richtet sich deine Wut gegen dich selbst. Genauso, wie du dich selbst liebst, wenn du jemandem Liebe schenkst und dich selbst bewunderst, wenn du anderen Bewunderung entgegen bringst. Du hast mit diesem Körper die Möglichkeit, dich selbst zu erleben. Alle Facetten deines Seins sind auf der Projektionsfläche der Realität für dich erlebbar.

Kennst du den Spruch: Gott erschuf die Welt, um sich selbst wahrnehmen zu können? So erschaffen wir die Realität, um uns selbst erleben zu können.

Begegne den Menschen mit diesem Bewusstsein: *Ich bin du, du bist ich, wir sind eins.* Und es wird kein Leid mehr geben, da es keine Trennung mehr gibt. Begegnest du deinen Lebenssituationen mit demselben Bewusstsein – *ich bin du, du bist ich, wir sind eins* – hebt sich ebenfalls die Trennung auf und du spürst sofort, was du zu tun hast, um die Situation so zu wandeln, wie du sie haben willst: Du musst *dich* wandeln. Jedoch nicht, um die Situation zu ändern, die nur ein Spiegelbild ist, sondern, um die **Realität** zu ändern, die **du** bist.

Schatten

Was sind Schatten? Es sind Anteile von uns selbst, welche in die Realität projiziert werden, weil wir sie entweder ablehnen, verdrängen oder einfach nicht ausleben. Es gibt positive und negative Schatten. Die einen zeigen sich in unserer Realität als Dinge, die wir lieben und die anderen als Dinge, die wir hassen. Dinge zum Beispiel, die wir ablehnen und bekämpfen, werden zu Schatten, die uns in der Realität immer wieder begegnen. Hier nehme ich noch einmal das Beispiel von Lucy. Sie hat am Anfang der Geschichte einen bitteren, inneren Kampf gegen die Welt gekämpft. Sie hat diese Welt für das Leid, das auf ihr existiert, gehasst und ihren ganz persönlichen Krieg dagegen geführt. Und was ihr in der Realität gespiegelt wurde, war Krieg. Überall, wo sie hinsah. Genauso war es auch mit Taro, der die Welt ebenfalls für all das Leid gehasst hat. Sein innerer Krieg spiegelte sich in der Welt durch Situationen und Menschen, die diesen Krieg lebten. Marius zum Beispiel.

Alles, was wir also ablehnen, verdrängen und bekämpfen, wird zu einem Schatten, der sich immer wieder in der Realität zeigen muss. Verdrängen wir zum Beispiel Wut und Aggression in uns, müssen sich diese Gefühle irgendwie und irgendwo in der Realität zeigen. Oft spiegeln sie sich dann im Körper durch verschiedene Symptome wider.

Aber es gibt auch positive Schatten. Das sind zum Beispiel jene, die wir in anderen Menschen bewundern, aber in uns selbst nicht ausleben. Alles, was uns an anderen Menschen fasziniert, was uns begeistert, was wir toll finden, haben wir in irgendeiner Form in uns selbst. Denn sonst könnten wir es in anderen Menschen nicht sehen und wir könnten schon gar nicht Begeisterung dafür empfinden.

Wenn wir uns also unsere großen Vorbilder ansehen oder einfach die Menschen, die in uns Begeisterung und Faszination auslösen, erkennen wir in ihnen Dinge, die wir in uns selbst haben, die wir aber nicht ausleben. Sie befinden sich im Schatten und werden in die äußere Realität projiziert.

Schreibe dir in der nächsten Übung auf, was dich an Menschen besonders fasziniert und begeistert. Was findest du an anderen Menschen richtig toll? Schreibe alles auf, was dir dazu einfällt.

Was fasziniert dich an Menschen?

Betrachte dir diese Liste und mache dir bewusst, dass du alles, was du aufgeschrieben hast, selbst in dir hast. Jedoch lebst du es nicht aus. Vielleicht aus Angst. Oder weil dich ein alter Glaubenssatz daran hindert. Aber es ist ganz leicht, die Anteile, die man in den Schatten verdrängt hat, die man aber ausleben möchte, wieder zum Leben zu erwecken. Und zwar mit der Fantasie!

In deiner Fantasie kannst du sein, was immer du sein willst. Miriam, die beste Freundin von Lucy, findet zum Beispiel das Selbstbewusstsein und die stolze Erhabenheit der Lumenier sehr faszinierend. Am Anfang der Geschichte, als sie Alea zum ersten Mal begegnete, war sie zwar zunächst erschrocken darüber und drohte in eine Art Ablehnung zu fallen und eine Antipathie gegen dieses starke Selbstbewusstsein zu entwickeln, das die Lumenier ausstrahlten. Aber letzten Endes siegte die Faszination und die Bewunderung darüber und Alea wurde zu einer Art Star, dem sie nacheiferte, weil sie genauso sein wollte, wie sie. Dass sie dieses unerschütterliche Selbstbewusstsein bereits in sich hat, wird sie im weiteren Verlauf der Geschichte erkennen. Doch vorher wird ihr dieser Teil in der Realität immer wieder gespiegelt werden und erneut Faszination in ihr auslösen und eine starke Anziehungskraft auf sie ausüben. Wäre sie in eine Ablehnung gefallen und hätte tatsächlich eine Antipathie gegen dieses Selbstbewusstsein entwickelt, wäre es ganz genauso abgelaufen. Das, was sie abgelehnt hätte, wäre zu einem Schatten geworden und hätte sich immer wieder in der Realität gespiegelt. Sie wäre immer wieder damit konfrontiert worden. Das wäre ein unangenehmer, negativer Schatten gewesen, jedoch siegte der positive Schatten in ihr und wurde zu einer Begeisterung und Bewunderung, die sie auch ihrem Freund Hilar entgegenbrachte.

Hilar konnte ihre Faszination aber zunächst nicht verstehen. Es war ihm ein Rätsel, warum sie und auch alle anderen Menschen um ihn herum, eine solche Faszination für ihn empfanden, da er sein Selbstbewusstsein als völlig normal betrachtete und ganz selbstverständlich auslebte. Deshalb konnte ihn das Selbstbewusstsein anderer Menschen auch nicht faszinieren oder begeistern. Es übte keine besondere Anziehungskraft auf ihn aus, da er es ja selbst lebte. Es gab in ihm keinen Schatten, der nach außen projiziert werden musste, um sich ihm zu zeigen.

Miriam wird entdecken, dass sie das, was sie in Alea und Hilar sieht, selbst ausleben kann, und zwar indem sie es zunächst in ihrer Fantasie **erlebt**. Dazu stellt sie sich lebhaft vor, wie sie wäre, wenn sie das, was sie an anderen Menschen faszinierend findet, selbst auslebt. Sie visualisiert also, wie es wäre, wenn sie das Selbstbewusstsein der Lumenier hätte. Und dann geschieht etwas Erstaunliches. Sie hat so viel Spaß bei dieser Visualisierung, dass sich dadurch ihr Charakter verändert. In Situationen, in denen sie normalerweise unsicher und ängstlich gewesen wäre, bricht plötzlich eine ganz neue Seite aus ihr heraus. Stolz, Stärke, Selbstbewusstsein und eine erhabene, königliche Ausstrahlung kommen zum Vorschein. Allein ihre Fantasie hat sie in einen anderen Menschen verwandelt.

Wenn man also einen positiven Schatten entdeckt hat, den

man gern ausleben möchte, kann man dies zunächst in der Fantasie tun, um diese Seite an sich erst einmal kennenzulernen. Man spielt ein bisschen damit, steigert sich von Mal zu Mal mehr in dieses Gefühl hinein, erlebt es intensiver und lebhafter und eines Tages benimmt man sich tatsächlich so. Es ist ein ganz einfaches Spiel. Man muss sich nur vorstellen, wie man wäre, wenn man diesen positiven Schatten ausleben würde und es in seiner Fantasie erleben. Und dann wird diese Vorstellung nach und nach in die Realität übergehen und sich dort manifestieren.

Ein anderes Beispiel für einen Schatten ist besagte Wut, die man sich oft verbietet und infolgedessen verdrängt. Dadurch wird sie zu einem Schatten und manifestiert sich auf irgendeine andere Weise in der Realität. Im Körper zum Beispiel. Es können verschiedene Symptome entstehen, wie zum Beispiel Magen-/Darmbeschwerden oder Hautprobleme. Des Weiteren zeigen sich solche Schatten auch in Situationen und Menschen im Leben, die einem diese Wut deutlich vor Augen führen. Aggressive Menschen tauchen immer wieder auf oder Situationen, die einem fast die Weißglut aus den Ohren kochen lassen. All diese Dinge in der Realität wollen einem jedoch nur die eigene Wut zeigen, die im Schatten liegt und nach Befreiung drängt. Einen solchen Schatten löst man durch Akzeptanz auf. Wie beim positiven Schatten, bei dem man im Inneren und daraufhin auch im Außen das annimmt (an sich nimmt), was im Schatten liegt, so kann man es auch mit den negativen Schatten tun. Man nimmt sie an sich und akzeptiert sie vollständig. Hat man sein Leben lang Wut verdrängt und nimmt sie endlich einmal als Teil von sich an, geschieht Befreiung. Man fühlt sich frei und erleichtert. Und vielleicht hat man auch das Bedürfnis, die Wut endlich mal auszuleben und auszudrücken. Ein Boxsack kann da Abhilfe verschaffen und Wunder wirken. Jedoch kann auch hier im ersten Schritt die Fantasie helfen. Die Vorstellung, seine Wut auszuleben und auszudrücken (ob dadurch, dass man einen Boxsack verprügelt oder indem man verschiedenen Menschen die Meinung sagt und sich mal richtig auskotzt) hat dieselbe Wirkung, wie der reale Ausdruck von Wut. Stell dir einmal vor, wie du deinen ganzen Frust in einem tiefen Wald, wo keine Menschenseele ist, hinaus brüllst. Alles, was dich nervt, alles, was dich wütend und aggressiv macht, schreist du in diesem Moment aus dir hinaus. Wenn du dir diese Fantasie richtig lebhaft vorstellst, wirst du dich danach vollkommen befreit fühlen.

Es macht keinen Unterschied, ob du etwas in der Fantasie tust oder in der Realität. Es hat dieselbe Wirkung auf dich. Negative sowie positive Schatten lassen sich also durch Akzeptanz und Annahme erlösen und müssen somit nicht mehr in der Realität gespiegelt werden. Genauso ist es mit anderen Dinge, die wir in den Schatten verdrängen. Oft werden zum Beispiel Krankheiten zu Schatten, wenn man sie vehement ablehnt und bekämpft. Durch diese Ablehnung müssen sie immer wieder in der Realität gespiegelt werden. Annehmen und Akzeptieren löst sie auf und Gesundheit kann wieder an ihre Stelle treten.

Ein guter Merksatz, den man auf alles im Leben übertragen kann, ist folgender:

Ablehnung erschafft – Akzeptanz löst auf

Um dich von deinen Schatten zu befreien, sie zu integrieren oder aufzulösen, brauchst du nur zu akzeptieren und anzunehmen. Und das kannst du in der Realität und auch in deiner Fantasie tun.

Ängste

Jeder kennt sie und jeder hat sie schon gehabt. Mal mehr mal weniger schlimm. Viele davon sind nützlich, andere wiederum unrealistisch und behindernd. Ängste sind etwas ganz Normales. Sie machen uns wachsam und stellen oft unser Überleben sicher. Und dazu sind sie auch da. Um zur Seite zu springen, wenn sich ein Auto nähert oder um gar nicht erst die Straße zu betreten, wenn Gefahr droht. Sie helfen uns also, bestimmten Situationen aus dem Weg zu gehen, die lebensbedrohlich für uns sind oder daraus zu fliehen. Das ist der eigentliche Sinn von Ängsten. Sie sind also sehr nützlich für uns. Viele Menschen entwickeln jedoch auch Ängste, obwohl sie sich in keiner akuten Gefahr befinden. Zum Beispiel die Angst vor Verlust. Obwohl alles in Ordnung ist und es keine Anzeichen für einen Verlust (ob der Verlust eines Menschen oder von Besitz) gibt, haben diese Menschen Angst und versuchen ihre Welt so zu manipulieren, dass ein Verlust unter keinen Umständen geschehen kann. Sie sind geradezu panisch und so von ihrer Angst eingenommen, dass sie kaum noch ihrem Alltag nachgehen können, weil die Angst sie in allem, was sie tun, lähmt.

Man könnte jetzt eine Psychoanalyse durchführen, um herauszufinden, wo diese Angst herkommt. Doch das wird sie nicht beseitigen. Wenn man Ängste hat, die keine wirkliche Lebensbedrohung darstellen und die so sehr das Leben beeinflussen, dann hilft in den meisten Fällen die erste Euphoria-Regel aus der Misere: Nicht kämpfen!

Angst entsteht dadurch, dass man etwas ablehnt/bekämpft. In lebensbedrohlichen Situationen ist das natürlich sinnvoll, denn man will ja schließlich nicht sterben. Also kämpft man besser. Und der Körper unterstützt einen auch sofort bei diesem Kampf. Und zwar mit Adrenalin. In Situationen, die aber keine Lebensbedrohung darstellen, brauchen wir auch keinen Kampf und kein Adrenalin. Denn Kampf und Adrenalin sind Stresszustände, die normalerweise wieder abflauen und verschwinden sollten, wenn die Gefahr vorüber ist. In einem dauerhaften Angstzustand ist das aber nicht so. Der Kampf ist ständig präsent und so befindet man sich in einem dauerhaften Stresszustand, der das ganze Leben beeinflusst.

In einer lebensbedrohlichen Situation kämpft man also dagegen, zu sterben oder dagegen, verletzt zu werden. Dieser Kampf löst Angst aus und man reagiert entsprechend. Man wird wachsam, schlägt zu oder rennt weg.

Bei dem Beispiel mit der Verlustangst, besteht jedoch keine Lebensgefahr. Man wird nicht daran sterben, wenn man etwas verliert. Doch aus irgendeinem Grund kämpft man mit aller Gewalt gegen den Verlust an. Und dadurch entsteht Angst.

Stell dir einen Menschen vor, der nichts ablehnt und nichts bekämpft. Dieser Mensch kann sich vor nichts fürchten, denn es gibt in ihm keinen Widerstand gegen irgendetwas. Wenn du dir einen solchen Menschen nicht vorstellen kannst, nimm als Beispiel vielleicht den König von Lumenia – Quidea. Er fürchtet nichts, denn er lehnt nichts ab.

Ist es erstrebenswert nichts mehr zu fürchten? Betrachten wir die Tatsache, dass wir uns aus Angst nicht trauen, unser volles Potential auszuleben, wäre die Antwort ein klares Ja! Welche Entscheidungen könnten wir treffen, wenn die Angst uns nicht daran hindern würde? Ein Mensch, der Angst davor hat, was andere Menschen von ihm denken könnten, wird sich nicht trauen, seinem Herzen zu folgen, das ihm vielleicht etwas sagt, das die anderen albern finden. Er kämpft gegen die Vorstellung, andere Menschen könnten über ihn lachen und dadurch entsteht Angst. Würde er diese Vorstellung nicht ablehnen, könnte Angst nicht entstehen.

Angst entwickelt sich immer aus einem Kampf heraus. Aus Ablehnung. Gibt es keinen Kampf, gibt es auch keine Angst. Wie viel freier könnten wir leben, wenn wir nichts mehr bekämpfen würden? Wir könnten klügere Entscheidungen treffen und sie rationaler durchdenken. Und auch unser Bauchgefühl würden wir bei wichtigen Entscheidungen viel deutlicher spüren können, wenn die Angst nicht im Weg ist.

Nichts mehr zu bekämpfen, bedeutet keine Angst mehr zu haben. Auch dieses Thema spielt in den Euphoria-Romanen eine Rolle. Nach einer Trennung fürchtet Lucy, ihren Nikolas niemals wiederzusehen. Diese Angst lähmt sie so sehr, dass sie kaum noch ihrem Alltag nachgehen kann. Immerzu denkt sie an Nikolas und an ihre Angst. Sie lehnt die Vorstellung, dass er vielleicht nie mehr zu ihr zurückkehren wird, so sehr ab, dass ihre Angst anfängt, ihr ganzes Leben zu bestimmen. Sie bekommt Panikattacken und fängt an Menschen zu manipulieren. Sie fällt völlig aus dem Spiel der Götter heraus und droht ins Unglück zu stürzen. Doch Taro hilft ihr aus dieser Situation heraus, indem er ihr erklärt, wodurch Angst entsteht. Er sagt ihr, sie solle die Vorstellung, die sie so sehr fürchtet, nicht ablehnen. Und nachdem sie sich anfänglich dagegen wehrt, akzeptiert sie die Vorstellung, Nikolas würde nicht mehr zu ihr zurückkommen, doch noch und erkennt, dass im selben Augenblick die Angst verschwindet. Taro macht ihr die Sache mit sehr klaren Worten deutlich: »Wirst du daran sterben, wenn er nicht zurückkommt?«

Und obwohl Lucy zuerst »Ja!« sagen will, verneint sie schließlich, denn sie weiß: Es würde sie in Wirklichkeit nicht umbringen. Und auf einmal ist sie frei von Angst.

Die Euphoria-Spielregeln lassen sich also nicht nur für das Erschaffen der Realität und das Ändern von Glaubenssätzen anwenden, sondern für viele Bereiche des Lebens. Deshalb betone ich immer, dass Euphoria in Wirklichkeit eine allumfassende Lebenseinstellung ist und nicht als einzelnes Werkzeug betrachtet werden soll. Denn das ist es nicht. Und das merkt man schnell, wenn man Euphoria für ein bestimmtes Thema anwendet und auf einmal merkt, dass es auch Auswirkungen auf andere Bereiche hat. Man kann nicht in einem Bereich des Lebens Euphoria spielen und diese Lebenseinstellung in anderen Bereichen völlig außer

Acht lassen, denn das würde nicht funktionieren. Es wirkt allumfassend und manchmal auch unbemerkt. Wenn man erst einmal damit anfängt, die Kämpfe und die Ablehnung aufzugeben, die Absichten loszulassen und glücklich zu sein, verändert sich nicht nur ein Bereich des Lebens, sondern auch viele andere. Manchmal auch ohne, dass man es bemerkt. Auf einmal wandelt sich alles, Knoten lösen sich, Frieden kehrt ein und Glück entsteht. Von ganz allein.

Schreibe hier auf, wovor du dich fürchtest und löse den Kampf dagegen auf. Dann verschwindet auch die Angst.

Die Ekstase der Einheit

Fast jede Szene in den Euphoria-Romanen, auch wenn es zunächst nicht so scheint, hat immer irgendetwas mit dem Spiel der Götter zu tun. Die übersinnlichen, fiktiven Ereignisse genauso, wie die zwischenmenschlichen Beziehungen und auch kleine, scheinbar unbedeutende Momente. Die Protagonisten der Geschichte *leben* das Spiel der Götter. In jedem Moment ihres Lebens. In schönen Zeiten sowie auch in schwierigen. Und besonders in schwierigen Zeiten ist es interessant zu beobachten, wie die Protagonisten das Spiel in ihr Leben integrieren.

Manche Szenen dienen nur dem Aufrechterhalten der Spannung, doch letzten Endes findet man auch in ihnen einen kleinen oder großen Aspekt von Euphoria. Die Geschichte ist beabsichtigt und manchmal auch unbeabsichtigt mit dem Spiel der Götter geradezu durchtränkt. Manche Szenen sind sehr wichtig und bedeutend, denn sie enthalten große Erkenntnisse, die der Entwicklung der Protagonisten dienen und andere Szenen scheinen nichts Anderem als dem Spaß an der Geschichte zu dienen. So zum Beispiel der Sex zwischen Lucy und Nikolas. In manchen Szenen knistert es zwischen den beiden gewaltig und natürlich ist es schön, so etwas zu lesen. Es steigert den Lesespaß und die Spannung der Geschichte. Doch auch diese Szenen dienen einem höheren Zweck und tragen tiefe Erkenntnisse in sich.

Der Sex zwischen Lucy und Nikolas ist ungewöhnlich. Dadurch, dass sich in Lucy schon zu Beginn der Geschichte eine sehr starke Empathie entwickelt, nimmt sie alles um sich herum sehr intensiv wahr. Nicht nur die Gedanken und Gefühle der Menschen, sondern auch ihre körperlichen Empfindungen spürt sie, als wären es ihre eigenen. Ich habe Lucy damit natürlich eine große Bürde auf die Schultern gelegt, denn es ist schwer mit einer solchen Fähigkeit seinen Alltag zu meistern. Besonders dann, wenn man diese Gabe nicht unter Kontrolle hat und die Eindrücke, Gefühle und Gedanken ohne Unterlass auf einen einströmen. Aber diese Fähigkeit dient einem höheren Zweck und führt am Ende der Geschichte zu der großen Erkenntnis von Euphoria.

In den intimen Szenen entsteht der Eindruck eines ungewöhnlichen, aber intensiven Sexlebens der beiden, denn nicht nur Lucy ist sehr empathisch, sondern auch Nikolas. So, wie alle Lumenier. Und so spürt sie nicht nur ihre eigenen körperlichen Empfindungen, sondern auch die von Nikolas. Sie spürt, wie es sich für ihn anfühlt, wenn sie ihn berührt und er spürt, wie es sich für sie anfühlt, wenn er sie küsst. Eine ungewöhnliche Situation, die kaum vorstellbar scheint. Es ist, als würde man spüren, wie es sich für das Buch anfühlt, wenn man es durchblättert. Nur, dass es sich hier um zwei Menschen handelt, die ihre Empfindungen gegenseitig so spüren, als wären es ihre eigenen. Die beiden Körper verschmelzen miteinander und werden **eins**. Es gibt kein Getrenntsein mehr, keine getrennten Gefühle, getrennten Gedanken oder Empfindungen. Alles ist ein einziges Erleben, ohne Gegensätze, ohne Pole, ohne Trennung.

Das erste Mal spürt Lucy dieses Einssein im ersten Euphoria-Teil, als sie Nikolas nach seiner Rettung in den Armen liegt und sich jede Trennung zwischen den beiden aufhebt. Sie spürt seinen Herzschlag in ihrem Körper, seine Gedanken in ihrem Kopf und seine Gefühle in ihrer Brust. Und genauso ist es umgekehrt. Sie sind wie ein Körper mit zwei Bewusstseinsströmen.

In Lumenia haben alle Menschen diese Wahrnehmung des Einsseins und es ist für sie ganz selbstverständlich, auch andere Menschen so wahrzunehmen, wie sich selbst. Denn alles ist miteinander verbunden. In dieser Hinsicht sind diese Szenen hoch spirituell.

In vielen alten Kulturen wurde Sexualität und Erotik als etwas Heiliges angesehen. Etwas Spirituelles, Göttliches. Die Menschen glaubten, dass man durch einen Orgasmus – also den Höhepunkt sexueller Reize – für einen kurzen Moment das Einheitsbewusstsein erreicht und Gott berührt. Für einen Augenblick lösen sich alle Trennungen auf und es entsteht Einheit, der Ursprung der Schöpfung, das Vereinen mit der Quelle. Die Geschlechtsorgane sind der Mittelpunkt unseres Körpers und sind dazu in der Lage neues Leben zu erschaffen. Aus spiritueller Sicht betrachtet, sind sie also direkt mit der Quelle der Schöpfung verbunden. Ein körperlicher und spiritueller Draht zur Einheit.

Betrachten wir die Schöpfung einmal aus der Euphoria-Sicht, dann sehen wir, dass eine Schöpfung erst dann funktioniert, wenn die Gegensätze, also beide Pole aufgehoben bzw. vereint werden. Wenn es keinen Kampf gegen den einen (negativen) Pol gibt und keine Absicht in Richtung des anderen (positiven) Pols, geschieht reine Schöpfung. Im Einssein beider Pole. Bei der Erschaffung neuen Lebens geschieht das gleiche: Zwei Pole vereinen sich. Mann und Frau werden eins und es entsteht neues Leben. So lässt sich das auf alle Themen des Lebens übertragen. Nehmen wir als Beispiel die Erschaffung von Gesundheit, müssen erst beide Pole vereint werden. Krankheit und Gesundheit werden eins, indem man den Kampf gegen die Krankheit auflöst und die Absicht Gesundheit zu erschaffen aufgibt. Die Trennung wird aufgelöst und es geschieht in diesem Moment das, was man **ist**. Der Seinszustand wird erschaffen. In diesem inneren gegensatzlosen Frieden kann man sein und erschaffen, was immer man will. Es wird nichts mehr gespiegelt, das bekämpft/abgelehnt wird und dadurch im Schatten liegt und es kann kein Mangel durch eine Absicht erschaffen werden. Man ist völlig frei von spiegelbaren Gegensätzen, da es keine Gegensätze mehr gibt. Es gibt nur noch das **Sein**. In diesem puren Seinszustand geschieht Schöpfung in ihrer reinsten Form.

Was ist also Sexualität? Sie ist das Zusammenführen und Vereinen zweier Pole, die miteinander verschmelzen und eins werden. Sexualität ist nicht nur eine körperliche Sache, die Spaß macht, sondern ein spirituelles Erlebnis von Einheit. Die früheren Kulturen wussten das, doch dieses Bewusstsein ist in der heutigen Zeit fast gänzlich verloren gegangen. Sexualität ist in unserer Gesellschaft verschmutzt worden und wird in vielen spirituellen und heiligen Kreisen immer noch verdrängt, als würde sie den Kontakt zu Gott stören. Tatsächlich ist aber das Gegenteil der Fall.

Spiritualität macht Spaß! Und auch Erleuchtung muss ein glückseliger, geradezu ekstatischer Zustand sein, denn sie geschieht *durch* das Einheitsbewusstsein. Immer, wenn man zwei Pole miteinander vereint und Eins werden lässt, entsteht Ekstase. Ob es nun das Einswerden von Mann und Frau ist oder das Vereinen von Streben und Werden, Tun und Sein, Geben und Nehmen. Ein Bildhauer kann diese ekstatische Einheit, in der er das, was er erschafft **ist**, ebenso spüren, wie ein Tänzer, der beim Tanzen **zum** Tanz wird oder ein Mensch, der beim Geben auch das Nehmen spürt, also nicht nur schenkt, sondern auch zum Beschenkten **wird**. In diesen Momenten spürt man die Ekstase von Einheit. Man kann sie auch in seinen Hobbys spüren. Jemand, der leidenschaftlich gern Romane liest, taucht beim Lesen richtig in die Geschichte ein. Er **wird** zur Geschichte. Er ist nicht mehr nur Leser, sondern auch Buch. Es gibt keine Trennung mehr zwischen lesen und gelesen werden. Es entsteht ein kleiner ekstatischer Moment von Einheit. Ein Künstler, der ein Gemälde malt und dabei größte Leidenschaft empfindet, ist in diesem Moment nicht nur Maler, sondern auch das Bild. Künstler und Kunst verschmelzen zu einer Einheit und es entsteht Ekstase. Auch ein Gärtner spürt diese Einheit, wenn er sich hingebungsvoll um seine Pflanzen kümmert. Er ist nicht nur Gärtner, sondern auch Garten, nicht nur die Pflege der Pflanzen, sondern auch die Pflanzen, die gepflegt werden.

Wenn du etwas tust und dabei Leidenschaft empfindest, verbindest du dich mit der Sache, die du tust, zu einer Einheit. Sie wird zu einem Hobby. Und du wirst immer wieder wie magisch davon angezogen werden und sie immer wieder tun wollen. Der Leser wird immer nach neuen Büchern Ausschau halten, die er verschlingen kann, der Maler wird neue Bilder malen und der Gärtner wird neue Pflanzen ziehen wollen, um die er sich kümmern kann. Und das nur aus einem einzigen Grund: Um das Gefühl von Einheit wieder spüren zu können.

Wir sind ununterbrochen auf der Suche nach Einheit, denn das ist der Zustand, aus dem wir gekommen sind, zu dem wir zurückkehren und den wir immer wieder anstreben. Das ist der Zustand aus dem wir bestehen. Der Drang danach, die Einheit zu fühlen, in der wir zu Hause sind, löst allerlei Leidenschaften in uns aus, die uns antreiben und immer näher zu uns selbst bringen. Deshalb ist es so wichtig, dem Herzen, den Leidenschaften und den Hobbys zu folgen. Denn sie sind nicht nur die Wege zu uns selbst, sondern die Schlüssel zum Einheitsbewusstsein.

Spiritualität und Erleuchtung kann man also im selben Atemzug nennen, wie Ekstase, Leidenschaft und Freude. Sie gehören unmittelbar zusammen. Somit ist die Sexualität zwischen Lucy und Nikolas ein Symbol für das Vereinen von Gegensätzen und das Auflösen von Trennungen. Ein Zustand der Ekstase, der in dem Gefühl von Einheit begründet liegt. Diese Einheit kann man spüren, wenn man seine Leidenschaften lebt. Und man spürt sie auch, wenn man andere Menschen dabei beobachtet. Das ist der Grund, warum wir nicht wegsehen können, wenn jemand in dem, was er tut, vollkommen aufgeht und warum es uns so fasziniert und fesselt. Man spürt diese Einheit nicht nur in der Sexualität, sondern in allem, was man mit Leidenschaft tut. Die Leidenschaften, die aus tiefstem Herzen kommen, scheinen Wegweiser zu sein, die uns zu unserem Ursprung zurückführen. Zu dem Einheitsgefühl, das wir verloren haben.

Durch welche Tätigkeit erlebst du das Gefühl von Einheit/Ekstase?

Ein absichtsloser Beschluss

Viele Menschen haben schon unglaubliche Dinge erreicht. Und sie wurden oft angetrieben von einem sehr starken Wunsch, einer Sehnsucht oder vielleicht auch von Wut oder Frust. Diese Gefühle können starke Katalysatoren sein. Jemand, der seine Realität – so, wie sie ist – nicht mehr erträgt, kann so wütend werden und daraus eine solche Motivation entwickeln, dass er schlagartig alles ändert. In kürzester Zeit. Ich bin nicht grundsätzlich gegen Wünsche, Sehnsüchte, Wut oder Frust, denn ich selbst habe durch diese Gefühle auch schon starke Kräfte und große Motivation entwickelt.

»Starke Emotionen sind starke Energien!« So sagt es Nikolas in Euphoria. Und Taro ergänzt im dritten Teil, dass auch Wut eine starke Emotion ist und somit auch starke Energien freisetzt. Er sagt aber auch, dass man nicht in der Wut verharren, sondern sie als Katalysator nutzen soll. Als Sprungbrett, um sich direkt ins Ziel zu befördern. Wut kann sehr nützlich sein. Genauso wie starke Wünsche, Sehnsüchte und Frust. Diese Gefühle führen dazu, dass man die Realität auf der Stelle verändern will. Nicht morgen oder übermorgen, sondern sofort! Man spürt den Drang, *jetzt* etwas zu tun und es entwickelt sich so viel Energie dadurch, dass man das Gefühl hat, Bäume ausreißen zu können.

In solchen Momenten empfehle ich das »Power-Euphoria-Spiel«, bei dem man sich ohne Umwege und mit all der Kraft, die hinter den Emotionen steckt, ins Ziel befördert. Immer, wenn ich aus Wut, Sehnsucht oder Frust »Power-Euphoria« gespielt habe, ist danach etwas Ungewöhnliches passiert. Es scheint, als würde die Energie, die man in dieses Spiel steckt, die Realität anschubsen. Und je heftiger man spielt, umso stärker wird geschubst.

Ich habe aber auch gemerkt, dass bei diesem Spiel ein Prozess in Gang kommt, der direkt ins Ziel führen kann, wenn man ihm folgt. Oft ist es so, dass man in wütenden Momenten eine Art Bockigkeit entwickelt. Man bekommt einen richtigen Dickschädel und will sofort eine Änderung der Situation herbeiführen. Es reicht nicht mehr, nur zu beabsichtigen, sie zu ändern oder es zu versuchen. Man will es einfach *tun* und nicht mehr daran zweifeln oder darum kämpfen. Man trifft automatisch und fast intuitiv einen Beschluss, der etwa so klingt: »Es ist mir egal, wie die Realität aussieht. Und es ist mir egal, was alle sagen oder denken. Es ist mir egal, ob es möglich ist oder nicht. Mir ist alles egal. Ich *tue* es jetzt einfach! Ich mache es wahr! Basta!«

Und in diesem Moment geschieht etwas Sagenhaftes! Ideen blitzen in einem auf. Wege, die direkt ins Ziel führen. Möglichkeiten. Es öffnen sich Türen, die man vorher gar nicht gesehen hat. Einem kommen Gedanken, die man vorher nicht gedacht hat. Und auf einmal liegt der Weg ganz klar vor einem, als hätte man eine Schatzkarte ausgegraben, die einem zeigt: »Mache dies uns das, gehe hier lang und dann dort entlang und dann tue dies. Und schon bist du am

Ziel.«

Was geschieht in einem solchen Moment? Erzeugt Wut und Frust nicht neue Wut und neuen Frust? Erschaffen Wünsche nicht neue Wünsche und Sehnsucht neue Sehnsucht? Und hatte man in diesem Moment nicht eine Absicht? Eine deutliche und klare Absicht, das Ziel zu erreichen? Nein. Nichts von alledem. In Wirklichkeit hat man sich durch die Wut, den Frust oder die Sehnsucht in einen Zustand gebracht, in dem es keine Zweifel mehr gab, dass das Ziel erreicht werden wird. Es war einem alles egal. Das Wie, das Wo und das Warum und ob überhaupt. Man hat sich nicht mehr um begrenzende Gedanken geschert oder hinderliche Gefühle. Alles, was in diesem Moment zählte, war das Ziel und die Sicherheit, dass man es erreichen würde. Irgendwie. Und es gab auch keine Absicht. Denn eine Absicht ist in einem solchen Moment nicht mehr genug.

Wenn wir im Alltag etwas beabsichtigen, dann tun wir das meist mit der Sicherheit, dass wir die Absicht auch in die Tat umsetzen können. Es kommt kein Zweifel in uns auf. Wir beabsichtigen morgens ein Tässchen Tee zu trinken und tun es einfach. Dabei an einen Zweifel zu denken, wäre absurd. Absichten sind völlig in Ordnung. Für den Alltag. Wenn es aber um etwas geht, das wir nicht mit dieser Selbstverständlichkeit tun, wie eine Tasse Tee aufzubrühen, dann führt eine Absicht schnell zu Zweifeln, wie: Kann ich das überhaupt? Hat das schon mal jemand geschafft? Bin ich schlau genug dafür? Ist das möglich?

Eine Absicht setzt Sicherheit voraus. Ist diese Sicherheit

nicht fest in einem verankert, wird die Absicht zu einem Versuch, der in den meisten Fällen scheitert. Man stelle sich einen Bogenschützen vor, der *versucht* das Ziel zu treffen. Das ist keine gute Voraussetzung. Ein Bogenschütze, der die Absicht verfolgt, das Ziel zu treffen, ist schon ein besserer Weg, setzt aber voraus, dass der Bogenschütze eine gewisse innere Sicherheit mitbringt. Eine innere Ruhe und Gelassenheit, weil er genau weiß, dass er treffen wird. Er hatte schon viel Übung, hat zuvor schon hunderte Male das Ziel getroffen und wird es auch dieses Mal schaffen. Also beabsichtigt er noch einmal das Ziel zu treffen. Keine große Sache.

Stellen wir uns einen Bogenschützen vor, der noch nie zuvor diesen Pfeil ins Ziel geschossen hat und unsicher ist, ob er es schaffen wird, spüren wir und wissen: Er braucht entweder Glück oder etwas, das ihn in seinem Handeln bestärkt. Eine Absicht reicht für diese Person nicht, denn sie wäre nur ein Versuch, der vermutlich scheitern würde. Diese Person braucht etwas Festeres. Etwas, das keine Zweifel und auch keine Sicherheit in dem Bogenschützen aufkommen lässt. Nicht den einen Pol und auch nicht den anderen. Keine Gegensätze. Es darf in ihm keine Optionen geben. Kein »Ich kann das nicht.« und auch kein »Ich schaffe das!« Keine Absicht, keinen Versuch. Sondern einen **festen, absichtslosen Beschluss**.

Wie ist das zu verstehen? Kann man etwas absichtslos beschließen? Ja! Und es ist viel leichter, als eine Absicht zu verfolgen. Bei einem absichtslosen Beschluss gibt es keine Zweifel und auch keine Sicherheit. Es gibt nur das **Tun**.

Bogenschütze und Ziel werden eins. Der Schütze beabsichtigt nicht, das Ziel zu treffen, also zweifelt er auch nicht daran. Er spürt keine Sicherheit, dass er das Ziel treffen wird, also kann auch nichts diese Sicherheit erschüttern. Das Geheimnis dahinter: Wenn es den einen Pol nicht gibt, kann auch der andere nicht existieren. Wenn es keine Absicht gibt, gibt es auch keine Zweifel. Wenn es keine Sicherheit gibt, gibt es auch kein Scheitern. Die Pole lösen sich auf und was übrig bleibt ist nur noch das Tun. Pfeil und Ziel sind nicht mehr getrennt. Es gibt kein Schießen mehr und auch kein Treffen. Es gibt nur noch das Pfeil-ins-Ziel.

Man kann in einem solchen Moment nicht mehr davon sprechen, zu *beabsichtigen*, den Pfeil ins Ziel zu schießen. Und es ist auch kein *Versuch* mehr. Es ist nur noch das Tun. Und es wird genau das geschehen, was getan wird. Nichts Anderes. Denn es ist keine andere Option mehr möglich. Da man alle Gegensätze und Trennungen aufgehoben hat, gibt es keine Pole mehr, die eintreten können. Es kann nicht mehr das Gegenteil von Siegen eintreten und auch nicht das Gegenteil von Scheitern. Es wird einfach das **Tun** eintreten. Das, was man in diesem Moment **ist**. Pfeil und Ziel.

Wie kann man das nun auf seine persönlichen Ziele übertragen? Wenn man einen festen, absichtslosen Beschluss fasst, gibt es wie beim Bogenschützen keine Optionen mehr. Man versucht nicht mehr an sein Ziel zu kommen und man beabsichtigt es auch nicht mehr. Man tut es einfach. In einem wütenden Moment, in dem man wie zuvor beschrieben voller Bockigkeit beschließt, seinen Traum *jetzt* wahrzumachen, taucht plötzlich der Weg auf, der zu diesem

Traum führt. Und das nur durch den festen Beschluss: »Ich *tue* es jetzt!«

Natürlich braucht man aber nicht unbedingt wütend oder frustriert sein, um einen absichtslosen Beschluss zu fassen. Alles, was man zu tun hat, ist, sich von allen Meinungen, begrenzenden Gedanken und Gefühlen frei zu machen und fest zu beschließen *jetzt* den Traum wahrzumachen. Sofort! Ohne Umwege, ohne Versuche, ohne Absichten. Ein absichtsloser Beschluss ist das Tun ohne Absicht.

Selbst, wenn du noch nicht weißt, wie du dieses Ziel erreichen sollst, selbst, wenn du den Weg noch nicht kennst, kannst du jetzt beschließen, es zu tun. Beschließe es einfach. Du tust es jetzt. Sage dir immer wieder in Gedanken oder auch laut: »Ich tue es jetzt. Ich mache es jetzt wahr. Ich tue es einfach.« Beabsichtige es nicht und versuche es nicht! Tue es. Je fester dieser Beschluss steht, umso schneller wird sich dir der Weg offenbaren. Er taucht einfach wie aus dem Nichts auf. Du kannst den ganzen Tag oder eine ganze Woche, oder wie lange es eben dauert, damit verbringen, dir immer wieder zu sagen »Ich tue es jetzt!« Am Anfang wird sich dieser Beschluss vielleicht noch etwas zaghaft anfühlen, aber es wird Momente geben, in denen hinter diesem Beschluss mehr Kraft steckt. Und in diesen Momenten taucht auch der Weg auf. Er kommt nicht aus dem Verstand, der nur verschiedene *mögliche* Wege und *Versuche* finden kann, das Ziel zu erreichen. Er kommt aus dem Unbewussten. Aus dem Herzen. Denn dein Unterbewusstsein kennt bereits alle Wege. Du musst sie nur aufdecken. Und das geschieht zum Beispiel durch einen festen Beschluss, der keine Optionen zulässt. Wenn du etwas nur versuchst oder beabsichtigst, gibt es unzählige andere Möglichkeiten, die eintreten können. Ein Beschluss jedoch steht fest. Und wo ein Beschluss ist, ist auch ein direkter Weg.

Beschließe hier dein Ziel. Aber verwende keine Worte wie "ich werde" oder "ich beabsichtige", sondern nur "ich tue".

Auch beim absichtslosen Beschließen geht es wieder um das Einssein, das Auflösen von Trennungen und das Vereinen von Polen. Ich habe mit der Zeit gemerkt, dass Euphoria automatisch an diesen Punkt führt, an dem es keine Trennungen mehr gibt. Man wird nach einer Weile des Spielens ruhiger, weil man nicht mehr jagt und nicht mehr kämpft. Man **ist** nur noch. Man könnte meinen, dass sich eine Art Emotionslosigkeit breit macht, da man nicht mehr wie früher reagiert. Man ist nicht mehr so aufgekratzt, nicht mehr wütend oder ablehnend, nicht mehr traurig oder panisch und überhaupt nicht mehr hektisch. Doch das liegt nicht daran, dass man emotionslos wird, sondern daran, dass sich die Pole nach und nach auflösen und man nicht mehr von ihnen beeinflusst und kontrolliert wird. Man kann sich trotzdem entscheiden, sie zu fühlen. Jedoch kann man diese Trennung auch sofort wieder aufheben. Man findet zu einer ausgelassenen Ruhe, aus der man beliebig heraustreten kann, wenn man es möchte. Aber man merkt schnell, dass es einem in dieser Ruhe ausgesprochen gut geht und man ganz und gar nicht emotionslos ist, sondern immer öfter in Ekstase aufglüht, in Lebensfreude, Spaß und Euphorie.

Man erkennt, dass man keine Wünsche, Sehnsüchte und auch keine Wut braucht, um Dinge schnell erschaffen zu können. Es kann durch einfache Begeisterung geschehen. Man braucht nicht erst ein Mangelgefühl (Wunsch, Sehnsucht, Absicht), um Fülle zu erschaffen. Und man muss nicht erst wütend werden, um es zu schaffen, sich in einen Seinszustand zu bringen, in dem man erschaffen kann, was man sich wünscht. Die gesamte Schöpfung funktioniert viel müheloser, als man gemeinhin denkt. Wir sehen es immer wieder in unserem Alltag. Uns begegnen immer wieder Dinge, Situationen und Menschen, mit denen wir uns beschäftigen. Und besonders oft begegnet uns in unserer Realität unsere Begeisterung! Das, wofür wir uns begeistern, spiegelt sich in der Realität in den unterschiedlichsten Formen wider. Findet man rote Autos toll, sieht man überall ständig rote Autos, findet Prospekte mit roten Autos, bekommt Angebote von roten Autos, darf mit roten Autos fahren, rote Autos lackieren, rote Autos präsentieren, rote Autos testen … Was auch immer. Unsere Begeisterung manifestiert sich im Außen. Und dazu war keine Absicht nötig, kein Wunsch, keine Sehnsucht, kein Verlangen und noch nicht einmal ein Beschluss. Es geschieht von allein. Ganz mühelos und einfach. Denn es gibt nichts Einfacheres, als das **Sein**.

Deshalb: Empfinde einfach die größte Begeisterung für deine Ziele – absichtslos und ohne Grund. Beschäftige dich jeden Tag mit dieser Begeisterung und mit der Liebe und der Faszination für dein Ziel. Dann wirst du ganz mühelos dorthin getragen werden.

Was begeistert dich an deinem Ziel?
Was liebst du daran, was fasziniert dich?

Die große Erkenntnis aus Euphoria

Euphoria war ursprünglich nur als ein einzelner Roman angedacht, der in einer spannenden Geschichte das Spiel der Götter erklären sollte. Doch es stellte sich schnell heraus, dass das erste Buch das Thema erst an der Oberfläche angekratzt hatte und es noch viel gab, das gesagt werden wollte. Ohne je die Absicht zu verfolgen aus Euphoria eine Romanreihe zu machen, erzählte sich die Geschichte in mir weiter. Die Protagonisten entwickelten ein Eigenleben und erzählten mir gewissermaßen von ihren Schwierigkeiten beim Spielen. Fragen kamen auf, Situationen entstanden und Szenen formten sich quasi aus dem Nichts und nur wenige Wochen später hatte ich die vollständige Handlung von Teil 2 im Kopf. Es geschah von ganz allein. Auch baute ich Erlebnisse und Erkenntnisse aus meinem eigenen Alltag mit ein, die mir – in dem Moment, in dem ich sie erlebte – geradezu zuriefen: »Schreib das auf! Das musst du weitererzählen!« Ich fragte mich in vielen Situationen: »Was würde Lucy jetzt tun? Wie würde Nikolas reagieren?« Und schon entstand eine neue Szene für das Buch. Der Titel stand schon in dem Moment fest, in dem ich die erste Szene der Geschichte im Kopf hatte. Und sobald ich das Buch abgeschlossen hatte, formte sich Teil 3 in mir und ich wusste – noch bevor ich ahnte, welchen Verlauf die Geschichte nehmen würde – dass das Buch »Die Welt der Götter«

heißen würde und dass die Handlung genau zu diesem Titel passen würde. Danach war die Geschichte für mich abgeschlossen. Ich glaubte, alles gesagt zu haben, was für das Spiel der Götter wichtig war, hatte aber trotzdem das bohrende Gefühl, dass noch etwas fehlte. Aber ich konzentrierte mich nicht mehr auf die Geschichte sondern befasste mich mit anderen Projekten. Bis eines Tages aus heiterem Himmel eine Szene in mir entstand. Hierzu muss ich erwähnen, dass ich ständig mit irgendwelchen Szenen im Kopf durch mein Leben gehe. Es spielen sich ununterbrochen Geschichten in mir ab, die ich bisher nur zu ca. 2 % aufgeschrieben habe und die darauf warten, erzählt zu werden. »Euphoria« war also zu dieser Zeit gar nicht mehr in meinem Kopf. Es gab gar keinen Platz dafür, denn es spielten sich ganz andere Handlungen ab, andere Geschichten, neue Bücher.

Dennoch: Plötzlich sah ich Taro vor mir und Nikolas. Ein Kampf zwischen den beiden entstand und ich wusste, das nächste Buch wird den Titel »Der Kampf der Götter« tragen, denn ich sah, dass dieser Kampf nicht nur zwischen den beiden Brüdern ausgetragen wurde, sondern auf der ganzen Welt. Diese Szene ging mir nicht mehr aus dem Kopf, obwohl ich mich weiterhin mit meinen anderen Projekten befasste. Und während ich meinem Alltag nachging, formte sich die komplette Handlung des 4. Buches in mir. Nach und nach wurde mir bewusst, worum es in »Euphoria« wirklich ging und worauf die ganze Geschichte hinaus lief. Beim ersten Teil hatte ich noch keine Ahnung, wohin das alles führen würde. Zu welcher großen Erkenntnis. Ich wusste es erst, als der 4. Teil in mir entstand und ich erkannte, dass jede Szene der bisherigen Geschichte auf dieses eine große Ziel zusteuerte. Die gesamte Geschichte hatte sich mit all ihren Zusammenhängen von allein geformt, als hätte sie ein eigenes Bewusstsein, das genau wusste, wo das alles Enden würde.

Ich fühlte mich plötzlich wie ein Instrument, das irgendjemand spielte. Irgendein höheres Bewusstsein nutzte meine Leidenschaft für das Schreiben, um eine Geschichte zu erzählen. Und ich musste in dem Moment an Michael Jackson denken, als er gefragt wurde, woher er die Ideen für seine Musik bekommt. Er sagte: »From above.« Genauso ging es mir. Das alles kam von irgendwo da oben. Denn irgendetwas da oben hatte einen viel größeren Überblick über das, was ich hier tat, als ich und mein Verstand. Denn ich konnte beim ersten Teil noch nicht ahnen, dass jede Szene darin in irgendeinem Zusammenhang zu dem 4. und 5. Buch stünde und der großen Erkenntnis aus »Euphoria«, die mir selbst noch gar nicht bewusst gewesen war. Vielleicht war es mein eigenes höheres Selbst, dass sich das alles zurechtgefuchst hatte. Vielleicht war es das ganze Universum. Aber wie ich jetzt – auch durch den 4. Teil – erkannt habe, macht das keinen Unterschied. Denn alles ist eins. Und das ist die Erkenntnis, auf die »Euphoria« zusteuert. Vom ersten Moment an, in dem Lucy von dem Kristallsplitter getroffen wurde, der die gesamte Kraft und Energie aller Lumenier in sich vereint und damit **Einheit** symbolisiert. Bis hin zu den Elementen der Geschichte, die einfach nur Spannung erzeugen sollten. Wie der Bösewicht

Marius. Letzten Endes stellt sich heraus, dass er maßgeblich zu der Einheit beigetragen hat.

Die große Erkenntnis aus »Euphoria« ist also:

Alles ist eins.

Und ich hoffe, dass ich den Menschen mit dieser Geschichte nicht nur wichtige Erkenntnisse vermitteln kann, sondern auch Freude in ihnen hervorrufe. Freude, die ich auch beim Schreiben empfinde. Und ich möchte dieses Buch mit Michael Jacksons Worten abschließen, der die Weisheit von »Euphoria« schon lange vor mir erkannt hat:

And my goal in life is, to give the world what I was lucky to receive: The ecstasy of **divine union** through my music and my dance.

(Michael Jackson)

Und mein Ziel im Leben ist es, der Welt das zu geben, was ich glücklich war zu empfangen: Die Ekstase **göttlicher Vereinigung** durch meine Musik und meinen Tanz.

(Michael Jackson)

Diese Ekstase spüren wir alle, wenn wir unsere Leidenschaft leben. Wenn wir unserem Herzen folgen und eins mit dem werden, was wir tun. Und mein Ziel ist es ebenso, der Welt das zu geben, was ich empfinde, wenn ich meinem Herzen folge: Die Extase göttlicher Einheit durch meine Geschichten und meine Kunst.

Extra

Herzorgasmus

Ein erster Einblick

Herzorgasmus ist ein Buch, das sich einer wichtigen Regel aus Euphoria bedient: Der Akzeptanz. In dem Roman geht es um die Polarität, um Schatten und Gegensätze und wie diese durch die Akzeptanz aufgelöst und vereint werden können, um zu sich selbst und zum Einheitsbewusstsein zu finden.

Die Themen sind eingebettet in eine spannende Geschichte, die – auf Grund der Gegensätze, die sie behandelt – von einem Extrem ins andere fällt. Wut und Hass werden hier ebenso intensiv durchlebt, wie Liebe und Mitgefühl. Es prallen immer wieder zwei gegensätzliche Pole aufeinander, die sich bewusst gegenseitig ablehnen, aber unbewusst gleichzeitig anziehen, da sie in Wirklichkeit eins sind. Gut und Böse bekämpfen sich hier bis aufs Blut und werden von zwei Charakteren verkörpert, die sich zwar hassen, aber gleichzeitig hoch anziehend finden und nicht voneinander lassen können. Zwei Pole, welche die Trennung symbolisieren, aber nach Einheit streben, ohne es zu ahnen. Sie suchen Erlösung in ihrem Gegenteil und bekämpfen es gleichzeitig. Der hitzige und leidenschaftliche Krieg zwischen den beiden ist fast monumental und spitzt sich im Laufe der Geschichte immer mehr zu. Gleichzeitig führen sie jedoch auch Krieg gegen die Polarität in sich selbst. Gegen die Anziehungskraft dessen, was sie so leidenschaftlich bekämpfen. Sie fühlen sich zu dem, was sie hassen, hingezogen und können der Versuchung nicht widerstehen, davon zu kosten. Sie ahnen die Erlösung in ihrer Verschmelzung und sehnen sich nach dem Einswerden.

All diese Gefühle machen »Herzorgasmus« wohl zu einem emotionalen Beben, das erschrecken kann, aber auch mitreißt, wachrüttelt und letzten Endes heilt, da dieses Beben nur auf ein Ziel hinausläuft: Dem Einswerden.

Das Buch ist aus der Idee heraus entstanden, die Polarität durch Vereinigung Eins werden zu lassen. Für die gegensätzlichen Pole habe ich tief ins Dunkle gegriffen und ins höchste Licht, um zwei der größten Gegensätze aufeinander prallen zu lassen. Gut und Böse. Beide Pole leben sich selbst auf dieser Welt aus, treffen jedoch immer wieder mal auf kleine Situationen, in denen sie ihr Gegenteil zu spüren bekommen, das sie dann vehement bekämpfen. Eines Tages jedoch begegnet jedem Pol mit geballter Kraft der absolute Gegenpol. Sie treffen auf ihren größten Schatten und sind im ersten Moment nicht in der Lage, ihn zu bekämpfen, da die Anziehungskraft zu groß ist. Aus dieser schicksalhaften Begegnung entwickelt sich eine Art Beziehung zwischen den Polen, die hasserfüllter nicht sein kann und doch von so viel Zuneigung geprägt ist, dass es für die beiden nur noch eine Erlösung gibt: Die Verschmelzung. Hierin finden sie die Ekstase und Einheit, die sie gesucht haben. Den Frieden, den sie angestrebt haben. Doch bis dahin ist es ein langer Weg voller Erkenntnisse, Leid, Kampf,

Schrecken und auch leidenschaftlichen Glücksmomenten.

»Herzorgasmus« ist ein Selbstfindungs- und Erkenntnisbuch, das Ketten sprengen und Trennungen auflösen soll, um Einheit und Frieden zu schaffen. Wenn das erreicht ist, entsteht das Gefühl einer Seelenexplosion und man hat tatsächlich den Eindruck, man erlebe einen Herzorgasmus. Die Ekstase der Seele, die sich ohne Hindernisse, ohne gegensätzliche Pole entfalten kann. Die Erkenntnis aus Euphoria wird in diesem Buch noch einmal auf die Spitze getrieben und erlebbar gemacht. Und ich hoffe, dass ich mit diesem Buch die Essenz jeder einzelnen Szene vermitteln kann. Die Essenz, die auch in jeder Euphoria-Szene steckt: **Alles ist eins.**

Im nachfolgenden Teil findest du den Prolog von »Herzorgasmus« und kannst dir damit einen ersten Einblick in das Buch verschaffen.

Viel Spaß auf deiner Reise!
Bleib glücklich und bleib du selbst.

Nina Nell

herz

orgasmus

Herzorgasmus

Prolog

Nebel lag auf den Wiesen an diesem Morgen. Feinster Staub von Wasserpartikeln tanzte über den Grashalmen und bedeckte die Natur wie eine zarte, weiche Decke, unter derer stiller Umarmung noch alles schlummerte. Es war ein wunderbarer Anblick. Ein Bild, das sie schon oft gesehen hatte. Doch sie sah es nicht mit ihren Augen. Es war mehr ein Zusammenspiel verschiedener Bewusstseinsformen, das sich für sie zusammenfügte und in ihrer Wahrnehmung sichtbar wurde. Sie spürte jeden Luftstrom und jeden feinsten Wassertropfen, doch nichts davon konnte ihre Sinne berühren. Sie konnte die kühle Luft nicht einatmen, die Stille nicht hören, die Feuchtigkeit nicht auf ihrer Haut spüren. Denn sie war nicht davon getrennt. Sie war jedes Wassermolekül, jedes Sauerstoffatom, jeder Grashalm unter der dichten Nebeldecke. Sie war der Nebel und sie war der Morgen. Nur eines war sie nicht: Ein Mensch. Ein Körper, der diesen Moment erleben konnte. Sie war alles und nichts.

Ein Bewusstseinsstrom, der die gesamte Existenz in sich vereinte und keine Trennung fühlen konnte. Sie konnte die feuchte Wiese nicht fühlen, weil sie sie nicht berühren konnte. Sie war die Wiese. Sie war alles.

Sie fragte sich, wie es sich anfühlte, die Grashalme auf der Haut zu spüren. Zu fühlen, wenn sie etwas von der Feuchtigkeit auf ihrer Hand oder ihren Füßen hinterließen. Sie wollte so gern mit nackten Füßen hinüber laufen und erleben, was sie selbst war. Wiese, Nebel, Luft. Sie wollte alles spüren. Durch den Nebel gehen und ihn fühlen. Aber sie hatte für diese Erlebnisse kein Instrument. Keinen Körper. Keine Sinne.

Plötzlich hörte sie eine Stimme. Sie drang durch ihr Bewusstsein, wie ein warmer Strom und leuchtete in ihr auf, wie hellblaues Licht. Sie kannte diese Stimme. Sie war ein Teil von ihr und gehörte doch zu einem anderen Bewusstseinsstrom. Sie waren eins. Sie und dieses blaue Licht. Es sagte: »Willst du deiner Sehnsucht nicht endlich nachgeben?«

»Ein Mensch werden?«, fragte sie. »Wie könnte ich das? Es bedeutet Leid, nicht wahr? Die Trennung von allem, was ist. Ich sehe die Menschen so oft weinen und spüre ihren Schmerz, der nur aus dem Gefühl der Trennung kommt.«

»Aber es bedeutet auch Glück«, sagte das blaue Licht und ließ erneut das Bild der nebelbedeckten Wiese in ihr aufleuchten. Und während sie es wahrnahmen, waren sie *beide* die Wiese und der Nebel. Er war direkt mit ihr verbunden. Ein Zwilling ihres Bewusstseins. »Durch die Trennung kannst du fühlen und sehen, hören, schmecken und riechen. Du kannst die Welt, die wir sind, berühren und sie erleben.«

»Aber die Schmerzen«, sagte das Licht und scheute sich davor, diese Erfahrung jemals zu machen.

»Sie sind nur eine Illusion. Du bist nicht *wirklich* getrennt. Es ist nur ein Schleier, den du jederzeit lüften kannst. Es ist ein Spiel. Du musst nicht leiden.«

Sie spürte, wie das blaue Licht ihr Sein erhellte, aufleuchtete und mit ihr verschmolz. Sie tauchten ineinander und wurden zu einer neuen Farbe, die keinen Namen kannte. Ihre gelbe Farbe und sein blaues Licht wurden zu einem hellen Leuchten und sie explodierten in Ekstase, verschmolzen mit der Ewigkeit und tanzten in der grenzenlosen Existenz ihres Seins. Sie waren die Einheit, die alles was war, erfüllte.

»Ich begleite dich, wenn du willst«, sagte das blaue Licht, als sie gemeinsam in den grenzenlosen Weiten des Universums leuchteten. »Wir könnten uns suchen.«

Plötzlich strahlte sie in ihrem hellsten Glanz. »Das wäre wunderbar!«, sagte sie. Wenn ihr blaues Licht irgendwo auf dieser Erde war, würde sie es spüren können und so würde sie auch niemals vergessen, dass die Trennung nur eine Illusion war. Gemeinsam mit ihrem Licht, hatte sie vor dieser Erfahrung keine Scheu.

Das blaue Licht lachte und umarmte sie mit seinem Leuchten. »Du warst noch nie dort, mein Licht. Ich jedoch habe schon viele Male als Mensch gelebt. Du wirst zunächst vergessen, dass du mit allem verbunden bist und dich nicht daran erinnern, dass wir eins sind. Ich werde einen anderen

Körper haben, als du und wir werden an unterschiedlichen Orten und von unterschiedlichen Eltern auf die Welt gebracht werden. Wir werden getrennt sein und uns manchmal sehr allein fühlen, weil wir glauben, diese Trennung sei real.«

»Das macht mir nichts«, sagte das Licht zuversichtlich. »Ich weiß, ich werde dich spüren können. Ich muss doch nur diesem Gefühl folgen. Der Ekstase, der Liebe und dem Glück. Dem Einheitsgefühl. Dann werde ich dich finden. Und ich weiß, ich werde dich schnell finden. Je größer unsere Trennung ist, umso größer ist auch unsere Anziehungskraft, nicht wahr? Gegensätzliche Pole ziehen sich immer an, um Eins zu werden.«

»Ja«, sagte das blaue Leuchten in ihr. »Das ist wahr. Aber ich weiß, wie schwer es sein kann und um wirklich sicherzugehen, dass wir uns finden, sollten wir eine wirklich große Trennung vornehmen und zu zwei Polen werden, die gegensätzlicher nicht sein können. Dann werden wir uns der Anziehungskraft nicht entziehen können.«

»Einverstanden«, sagte sie und ohne es zu merken, flog sie schon mit ihm auf die Erde zu. Der Tag hatte auf vielen Teilen der Welt schon lange begonnen und die Menschen lebten ihr Leben, gingen ihrem Alltag nach, lachten, weinten, spürten die Trennung und manchmal auch die Einheit. Sie war sich sicher, dass sie zu jenen gehören würde, welche das Gefühl der Einheit niemals vergessen würden. Auch, wenn sie Trennung erlebte, würde sie immer spüren, dass sie mit allem verbunden war. Sie würde die Einheit ihrer Existenz spüren und die Ekstase der Verbundenheit mit ihrem blauen

Licht. Sie würde es finden, denn sie würde nie aufhören zu suchen.

Es ging so schnell. Ihre Trennung manifestierte sich in dem Moment, in dem sie den Entschluss gefasst hatten. Sie stürzten auf die Welt zu, wie zwei Sterne. Zwei leuchtende Flammen. Sie hörten noch ihre Stimmen, aber sie klangen schon sehr unterschiedlich.

»Ich liebe dich!«, rief sie. »Wir sehen uns!« Und sie konnte es nicht erwarten, endlich wirklich sehen zu können. Mit Augen. Mit menschlichen Augen. Wie würde ihr Zwillingslicht aussehen? Wie würde es klingen? Wie würde es sich anfühlen? Bei all diesen Gedanken wurde sie immer schneller. Sie wollte nicht mehr warten. Sie wollte es erleben. Sie wollte die Trennung sein, um die Einheit zu finden. Sie wollte klein sein, um zu erkennen, wie großartig sie war. Sie wollte etwas Einzelnes sein, um die Verbindung mit allem erleben zu können. In wenigen Augenblicken war es soweit. Ihr blaues Licht rief ihr zu, dass es sie suchen würde und dass es nicht aufgeben würde, bis sie wieder eins waren.

»Ich liebe dich!«, erklang eine tiefe, männliche Stimme in ihr. Befremdlich, anders, neu. »Ewig und unendlich.«

Und dann schlugen sie auf der Erde auf und implodierten zu getrennten, einzelnen Wesen. Das blaue Licht weit entfernt von seinem gelben Zwilling.

Aina schreckte auf und schrie! Schweißperlen standen ihr auf der Stirn und ihr langes Haar klebte an ihrem Gesicht. Ihr Herz hämmerte gegen ihre Brust, wie ein Presslufthammer und ihr hastiger Atem beruhigte sich kaum. Ein Wimmern war darin zu hören. Leise und schmerzhaft. Sie hob die Hand und berührte ihre feuchte Stirn mit ihren Fingern. Dann betrachtete sie das Wasser auf ihrer Haut, als sei es etwas ganz Besonderes. Sie rieb es zwischen ihren Fingern und beobachtete fasziniert, wie es im Mondlicht schimmerte. Warum war sie so erstaunt darüber, dass sie dieses Wasser fühlen konnte?

»Nur ein Traum«, flüsterte sie und wischte sich das Gesicht trocken. Er hatte sich wohl noch nicht ganz verflüchtigt. Obwohl sie sich nie wirklich an diesen Traum erinnern konnte, der sie schon ihr ganzes Leben lang plagte. Es blieb immer nur ein Gefühl zurück. Eine Sehnsucht, die sie nicht benennen konnte.

Als sich ihr Herzschlag langsam beruhigte, sah sie aus dem Fenster. Das hellblaue Licht des Mondes schien durch die verglaste Öffnung in der Wand und warf ein großes, blaues Viereck auf den Boden ihres Schlafzimmers. Es endete direkt vor ihrem Bett. Schnell schob sie die Beine unter der Bettdecke hervor und hielt sie in den Lichtstrahl hinein. Als das blaue Leuchten ihre Haut berührte, seufzte sie auf und legte den Kopf in den Nacken. Es beruhigte sie, wenn sie sich von seinem Licht berühren ließ. In manchen Nächten, wenn sie wieder nicht schlafen konnte, setzte sie sich nackt vor das Fenster, nur damit das Mondlicht ihre Haut berühren konnte. Es fühlte sich an wie eine Umarmung. Eine warme, liebevolle Umarmung. Als würde die Ewigkeit ihr über die Wange streicheln und versuchen ihr mitzuteilen, dass sie nicht allein war. Aber wenn sich dann eine Wolke vor das Antlitz des Mondes schob und sein

Licht verdeckte, kamen ihr wieder die Tränen und eine unbekannte Sehnsucht erfüllte ihr Herz. Sie konnte nicht sagen, was es war. Sie konnte es nicht in Worte fassen, das Gefühl, das ihren Blick in weite Ferne zog und ihre Gedanken verstummen ließ. Es war ein Gefühl so weit wie die Unendlichkeit. So unsichtbar wie Luft und doch so stark und mächtig, dass es sie erbeben ließ. Es summte und pulsierte in ihr. Unaufhörlich. Stetig. Und wenn sie auf sein markdurchdringendes Flüstern hörte, rief es sie, ... zu sich in die Unendlichkeit. In seine Arme, zu den Sternen. In ein seidenes Kleid, gewebt aus Fantasie. Auf die Schwingen der Träume. Erneut hauchte ihr die Sehnsucht, die sie nicht benennen konnte, eine Liebeserklärung in ihr Herz und streichelte ihre Seele. Hob sie empor auf Armen so groß wie Gebirge und ebenso stark. Es umhüllte sie. Sanft wie ein Schleier aus Nebel, geheimnisvoll und doch so klar. Sie war gefangen. In einem Bann geboren, den sie nicht begriff. Nie hielt er sie fest und doch gehörte sie mit Leib und Seele ihm. Diesem Gefühl. Dieser Sehnsucht nach etwas Unbekanntem.

Eine Träne rollte ihr langsam über die Wange und benetzte ihre Lippen und ein schweres Seufzen hallte durch den Raum. »Dummkopf!«, sagte sie leise zu sich selbst und griff nach den Tabletten, die auf ihrem Nachtschrank lagen. Das Wasserglas glänzte im Mondlicht und sah fast zu schön aus neben den Tabletten, die sie so sehr hasste. Aber sie würden ihr Gemüt beruhigen und ihre Sehnsucht verstummen lassen, die sie in den letzten Jahren zu einem seelischen Wrack hatte werden lassen. Sie brauchte diese Tabletten. Ohne sie würde sie heute Nacht keinen Schlaf mehr finden. Das war immer so, wenn sie diesen unbekannten Traum hatte. Sie legte sich die Tablette auf die Zunge, spürte in einem kurzen Moment der Entzückung ihre glatte Oberfläche und war erneut erstaunt darüber, dass sie in der Lage war, sie zu fühlen, und dann schluckte sie sie mit einem großen Schluck des vom Mondlicht liebkosten Wassers hinunter. Gleich würde das Taubheitsgefühl ihre Sehnsucht verdecken, die jede Faser ihres Seins durchdrang, und die seltsamen Gedanken verstummen lassen. Gedanken, die sie nicht verstand. Die Faszination darüber, dass sie fühlen konnte, sehen und hören. Das war verrückt. Und dieser Drang … Der Drang nach irgendetwas zu suchen. Etwas zu tun. Etwas, das in ihr kochte, wie ein Vulkan, der kurz davor war, auszubrechen. Ja, sie brauchte diese Tabletten. Sie verhinderten, dass sie die Kontrolle über sich verlor. Denn sie hatte Angst davor, was passieren würde, wenn dies geschah. So war es besser. Vernünftiger …

»Gute Nacht!«, sagte sie. Zu wem wusste sie nicht. Zum Mond vielleicht. Oder zu dem blauen Licht, das immer noch so vertraut und beruhigend in ihr Zimmer strahlte.

Und dann zog die künstliche Müdigkeit sie hinab in einen tiefen Schlaf, von dem sie am nächsten Morgen nie mehr wusste, als einen Bruchteil. Den Teil mit dem Licht. Dem hellblauen Licht ...

Bisher erschienen:

Euphoria – Die Spielanleitung
60 Seiten, Paperback
ISBN: **978-3-8391-8467-7**

Euphoria – Das Spiel
224 Seiten, Paperback
ISBN: **978-3-8448-0343-3**

Euphoria – Die Praxis
180 Seiten, Paperback
ISBN: 978-3-8482-1517-1

Euphoria – Das Spiel der Götter
188 Seiten, Paperback
ISBN: **978-3-8423-1961-5**

Euphoria – Der Tanz der Götter
216 Seiten, Paperback
ISBN: **978-3-8423-4515-7**

Euphoria – Die Welt der Götter
240 Seiten, Paperback
ISBN: **978-3-8423-6538-4**

Weitere Bücher zu »Euphoria« folgen.

Mehr Informationen zu diesem Buch, zum Spiel der Götter und weiteren Büchern zu Euphoria gibt es auf der Euphoria-Seite:

http://euphoria.ninanell.de

Informationen zu »Herzorgasmus« und weiteren Büchern von Nina Nell findest du auf:

http://books.ninanell.de